丛书主编

王大明　　刘兵　　李斌

编委会成员

（按姓氏音序排列）

陈印政　　柯遵科　　李斌
李思琪　　刘兵　　　曲德腾
孙丽伟　　王大明　　吴培熠
杨可鑫　　杨枭　　　张前进

现代数学的开拓者

欧美数学名人 I

杨 枭 李 斌 编

中原出版传媒集团
中原传媒股份公司

大象出版社
·郑州·

图书在版编目（CIP）数据

现代数学的开拓者：欧美数学名人. Ⅰ／杨枭，李斌编. — 郑州：大象出版社，2021. 6
（中外科学家传记丛书／王大明，刘兵，李斌主编）
ISBN 978-7-5711-0865-6

Ⅰ. ①现… Ⅱ. ①杨… ②李… Ⅲ. ①数学家-列传-西方国家-近现代 Ⅳ. ①K816. 11

中国版本图书馆 CIP 数据核字（2020）第 248741 号

中外科学家传记丛书

现代数学的开拓者　欧美数学名人 Ⅰ
XIANDAI SHUXUE DE KAITUOZHE　OUMEI SHUXUE MINGREN Ⅰ

杨　枭　李　斌　编

出 版 人	汪林中
项目策划	刘　兵　李光洁
项目统筹	成　艳　陶　慧　王曼青
责任编辑	王大卫
责任校对	安德华
装帧设计	王莉娟

出版发行	大象出版社（郑州市郑东新区祥盛街 27 号　邮政编码 450016）
	发行科　0371-63863551　总编室　0371-65597936
网　　址	www.daxiang.cn
印　　刷	河南新华印刷集团有限公司
经　　销	各地新华书店经销
开　　本	890 mm×1240 mm　1/32
印　　张	6.5
字　　数	137 千字
版　　次	2021 年 6 月第 1 版　2021 年 6 月第 1 次印刷
定　　价	23.00 元

若发现印、装质量问题，影响阅读，请与承印厂联系调换。
印厂地址　郑州市经五路 12 号
邮政编码　450002　　电话　0371-65957865

总　序

马克思和恩格斯合写于 19 世纪 40 年代的《共产党宣言》中，曾有这样一段生动的描述："自然力的征服，机器的采用，化学在工业和农业中的应用，轮船的行驶，铁路的通行，电报的使用，整个整个大陆的开垦，河川的通航，仿佛用法术从地下呼唤出来的大量人口——过去哪一个世纪料想到在社会劳动里蕴藏有这样的生产力呢？"马克思和恩格斯说的那一切，还不过是 19 世纪的景况。到了 21 世纪的今天，随着核能、电子、生物、信息、人工智能等各种前人闻所未闻的科学技术的飞速发展，人类社会面貌进一步发生了翻天覆地的甚至马克思那个年代都无法想象的巨变。造成所有这一切改变的最根本原因，毫无疑问，就是科学技术。而几百年来，推动科学技术发展的直接力量，就是一大批科学家和技术专家。

中国是这几百年来世界科学技术革命和现代化的后知后觉者，从 16 世纪末期最初接触近代自然科学又浅尝辄止，到 19 世纪中期晚清时代坚船利炮威胁下的西学东渐，再到 20 世纪初期对"德先生"和"赛先生"的热切呼唤，经过几百年的尝试，特别是近几十年的努力，已逐渐赶上世界发展的潮流，甚至最近还有后来者居上的势头。例如，中国目前不但在经济总量上居于世界第二的地位，而且在科学研究的多个前沿领域也已经名列国际前茅；有些方面，比如科学论文的数量，仅次于美国而居世界第二；最可贵的是，中国已经形成了一支人数众多、质量上乘的科研队伍。

利用科学技术来推动社会经济的发展，中国已经尝到了巨大甜头，科学技术是第一生产力的观点深入人心。从政府到民间，大家普遍关心如何进一步落实科教兴国战略、推动创新促进发展，使中国在科技创新方面更具竞争优势，培养和造就出更多的科技创新人才，使中国在现代化道路上能走得更长远、更健康。

为实现上述目标，一方面需要提高专业科学研究队伍的水平，发扬理性思考、刻苦钻研、求真求实、勇于创新的科学精神；另一方面也需要增强和培育整个社会的公众科学素养，造就学科学、爱科学，支持创新、尊重人才的文化氛围。这套"中外科学家传记丛书"的编辑和出版，就是出于这样的考虑。

通过阅读和学习科学家传记，一是可以更深刻地理解科学家们特别是那些在重大历史转折关头做出了伟大贡献的科学家的科学思想和创新方法，二是可以更鲜活地了解到科学家们的科学精神和品格作风，三是可以从科学家们的各种成长经历中得到启发。

本丛书所收录的200多位中外著名科学家（个别其他学者）的传记，全部都来自中国科学院1979年创刊的《自然辩证法通讯》杂志。该杂志从创刊伊始就设立了一个科学家人物评传的固定栏目，迄今已逾四十年，先后刊登了200多篇古今中外科学家的传记，其中包括文艺复兴时期的欧洲科学家、远渡重洋将最初的西方近代科学知识带到中国的欧洲传教士，当然大部分都是现代科学家，例如数学领域的希尔伯特、哈代、陈省身、吴文俊等，物理学领域的玻尔、普朗克、薛定谔、海森伯、钱三强、束星北、王淦昌等，以及天文学、地学、生物学、计算机科学和若干工程领域的科学家。值得指出的是，这些传记文章的作者，大都是在相关领域学有专长的专家学者。例如：写过多篇数学家传记的胡作玄先生，是中国科学院原系统科学研究所的研究员；写过多篇物理学家传记的戈革先生，是中国石油大学的物理学教授；此外还有北京大学、清华大学、上海交通大学、中国科技大学等多所国内著名大学的教授，以及中国科学院、中国医学科学院和中国科技协会等研究机构的专家。所以，这些传记文章从专业和普及两个角度看，其数量之多、涉及领域之广、内容质量之上乘、可读性之强，在国内的中外科学家群体传记中都可以说是无出其右者。

考虑到读者对象的广泛性，本丛书对原刊物传记文章进行了重新整理编辑，主要集中在如下几个方面：一是在总体设计上，丛书共分30册，每册收录8个人物传记；二是基本按照学科领域来划分各个分册；三是每分册中的人物大致参考历史顺序或学术地位来编排；四是为照顾阅读的连续性，将原刊物文章中的所有参考资料一律转移到每分册的最后，并增加人名对照表。

当前，中国正处在从制造大国向创造大国转变、急需更多科技创新和科技人才的重要历史时刻，希望本丛书的出版对于实现这个伟大目标有所裨益，也希望对广大青少年和其他读者的学习生活有所帮助。

目 录

001
欧拉　18 世纪数学的中心人物

023
贝祖　西方消元理论的开拓者

041
拉格朗日　18 世纪伟大的数学家和天体力学家

069
伽罗瓦　青年数学家、战士和人

087
阿贝尔　挪威的民族英雄

113
黎曼　现代数学的开拓者

139
切比雪夫　彼得堡数学学派的奠基人

167
戴德金　心灵自由的创造者

186
参考资料

190
人名对照表

欧拉

18 世纪数学的中心人物

莱昂纳德·欧拉

(Leonhard Euler, 1707—1783)

莱昂纳德·欧拉，是著名的数学家、力学家、天文学家、物理学家，是彼得堡科学院、柏林科学院、巴黎科学院、英国皇家学会、巴塞尔物理与数学学会的院士及会员。

一、数学情缘

1707年4月15日，欧拉诞生在瑞士巴塞尔市一个普通的新教神甫家庭。欧拉的父亲保罗·欧拉是一个牧师，但他对数学却有着特殊的偏好，这影响了欧拉。听父亲给他讲数学上的益智故事成了欧拉最美好的享受，什么蒂多公主用半圆的图形圈走了酋长的大块土地，宰相达依尔在棋盘上要走了国库的全部粮食，这好像一下子激发了欧拉的数学兴趣。父亲保罗是欧拉的启蒙老师。

欧拉在巴塞尔市的一所文科学校接受了最初的正规教育。学校开设的课程主要是德文、拉丁文、希腊文和神学，但欧拉对这些课程极不感兴趣，学得也不怎么样。他经常满脑子都是父亲给他讲的数学小问题，像黄金分割、毕达哥拉斯定理等。每逢节假日他都乐意回到父母身边，听父亲给他讲数学故事，或乱翻父亲的藏书。有一天他翻到鲁道夫的《代数学》，立刻就被书中的公式和符号吸引住了。他开始只能读懂很少的一部分，事实上当时他所在的学校也没有几个人能读懂它。当时巴塞尔市的一位业余数学家约翰·伯克哈特给了欧拉很好的帮助,并引导欧拉做完了鲁道夫的另一本习题集。欧拉研究数学是从鲁道夫的书开始的,尤其是鲁道夫的著作中采用了大量的数学符号(这些符号的一部分成为现代数学符号的基础),对欧拉的数学思想和他以后的数学工作产生了深刻的影响。

1720年秋天,13岁的欧拉考上了巴塞尔大学文科。当时约翰·伯努利教授在该校任教,约翰教授对微积分、无穷级数、常微分方程、变分法、坐标几何、微分几何方面的研究,尤其是对悬链线、最速降线的研究闻名于世。他每天讲授基础数学课程,同时还要给少数高才生开设深奥的数学讲座和物理学讲座,这正是欧拉梦寐以求的。他每次都提前来到教室,认真地听课和做笔记。不管讲课内容难易,他总是约翰教授最忠实的听众。这样,约翰很快就以一个卓越数学家的敏锐眼光观察到了这个学生的数学天赋,以至于约翰教授决定从自己宝贵的时间中挤出每礼拜六的下午,专门为欧拉辅导、答疑,这样欧拉就有信心去攻读一些内容深奥的书,不仅起点高而且学到了从事数学最根本的方法。在教授家里,欧拉还结识了约翰的两个儿子尼古拉·伯努利和丹尼尔·伯努利,他们也是出色的数学家。他们比欧拉大几岁,在欣赏欧拉数学天赋的同时,给予了他很多鼓励和帮助。读大学期间,除在数学上投入很大的精力外,欧拉还有着广泛的兴趣,他爱好文学,甚至花费时间去背诵佳作名篇,他能背诵《伊尼衣德》全篇。

1722年,欧拉获得了巴塞尔大学的学士学位,第二年他又完成了他的硕士论文《试论笛卡儿和牛顿的哲学思想》，并顺利地通过了论文答辩，1724年6月18日获得了哲学硕士学位。1726年，欧拉在《博学者》杂志上发表了他的第一篇论文，阐述了他对在有阻尼介质中等时曲线的结构问题的研究。第二年，欧拉用代数方法，成功地解决了炮弹在空中飞行的弹道问题，他的数学才能初露端倪。同年，巴黎科学院为解决船桅的最佳布置问题征文，评审委员会认为欧拉在应征文章中熟练地运用数学方法解决了船桅在航行中的一系列问题，专门为欧拉颁发了奖状（他没有获得奖金）。此后从1738年到1772年，欧拉共12次获得巴黎科学院的奖金。

1726年经丹尼尔推荐，欧拉受聘为彼得堡科学院医学部院士助理。1727年4月5日欧拉离开了巴塞尔，5月24日到彼得堡。从此，欧拉再也没有回到过瑞士，但他始终深爱着自己的祖国，至死也没有改变他的瑞士国籍。

二、彼得堡初显才华

就在欧拉踏上俄国国土不久，较为开明的女皇叶卡捷琳娜一世去世了。彼得大帝年幼的孙子继位，权力却落在了以公爵多尔戈鲁斯为首的莫斯科旧贵族手中，混乱的政局对科学院的外籍学者极为不利。几经周折，他最终被任命为科学院数学部助理院士。

1731年，欧拉被任命为科学院物理学部教授。1733年，丹尼尔回巴塞尔后，欧拉接替了他的职位，转任数学部教授，同时又当选为彼得堡科学院院士。在这之后，欧拉结识了瑞士画家、时任科学院预科学美术教师的 G. 葛塞尔,并于 1733 年冬与他的女儿柯黛琳娜·葛塞尔结婚。第二年,他们有了第一个儿子约翰·阿尔勃兰克·欧拉。

从 1727 年至 1741 年,在彼得堡的 14 年间,欧拉以他的勤奋和专注迎来了他科学生涯的第一个黄金时代,在分析学、数论、图论、几何学、三角学、代数方程、微分几何以及力学、航海学、造船学、天文学、地理学等领域做出了许多辉煌的发现和工作。截至 1741 年,他完成了近 90 种著作,还有大量的札记,公开发表了 55 种,其中包括两卷本巨著《力学或运动科学的分析解说》。欧拉以他卓越的成绩赢得了巨大的声望。早在 1728 年,欧拉的导师约翰教授在给他的一封信中就称他为"最善于学习和最有天赋的科学家欧拉"。1737 年,约翰教授称欧拉是"最驰名和最博学的数学家"。

1738 年,巴黎科学院为求解彗星的运行轨道,向全世界的科学家征文悬赏。这个欧洲许多著名学者几个月未能算出的天文学难题,欧拉用他自己发明的数学方法,仅用 3 天就完成了。过度的劳累影响了他的身体,尤其是对眼睛的损害特别严重,不久他的右眼失明了。

1740 年秋天,俄国女皇安娜·伊凡诺芙娜暴病而死,政局再度骤变。欧拉此时与彼得堡科学院粗鲁、专横的顾问 D. 舒马赫尔产生了摩擦。应普鲁士国王腓特烈大帝的邀请,1741 年 6 月 19 日,欧拉离开了生活 14 年的彼得堡,7 月 25 日到达了柏林。

三、柏林 25 年

欧拉最初被任命为柏林科学院院士、物理数学研究所所长，领导、规划该所物理、数学两个学科的研究工作，自此他把自己最辉煌的年代都献给了柏林科学院。他是科学院院务委员和学术著作出版委员会委员、科学院图书馆的顾问，管理着天文台和植物园的人事、财务，他还负责历书和地图的出版工作。科学院院长莫培督外出期间，他就主管整个科学院的工作。1759 年莫培督去世后，尽管腓特烈一直没有正式任命他为院长，欧拉事实上一直领导着整个科学院，直到他离开柏林。

在柏林期间，欧拉一直被保留着彼得堡科学院院士资格，领取年俸，为彼得堡科学院编辑院刊的数学部分、介绍西欧的科学思想、购买书籍和实验仪器、推荐研究人员和研究课题、培养人才等。他经常把自己的学术论文寄往彼得堡，他的论文约有一半是用拉丁文在彼得堡发表的，另一半用法文在柏林出版。

欧拉的科学才能和成就在这一段时间内逐渐为世界所承认。1749 年当选为伦敦皇家学会会员，1753 年被聘为巴塞尔物理数学会会员，1755 年成为巴黎科学院院士。柏林时期是欧拉科学生涯的第二个黄金时期，他至少准备了 380 篇（部）论著，出版了其中大约 275 种，其中包括《寻求某种极大极小性质曲线的技巧》(1744)、《天体轨道计算基础》(1745)、《火炮与弹道学》(1745)、《无穷分析引论》(1748)、《船舶制造与航海学》(1749，本书观点是在彼得堡形成的)、《月球运动理论》(1753)、《微分学原理》(1755)，后三本书是在彼得堡科学院的资助下出版的。

欧拉参加了三场著名的争论，它们对数学的发展极有意义。一是在1747年前后，他和达朗贝尔关于负数对数的争论，欧拉对这个问题有成功的解答，但他的工作并未被人们接受。二是与达朗贝尔、丹尼尔关于弦振动方程的争论，长达十年之久，争论后期又有拉格朗日和拉普拉斯等陆续加入，使这场争论又延续了十年，最终导致了18世纪偏微分方程理论的建立，并成为三角级数理论的助产士。三是18世纪四五十年代与达朗贝尔、拉格朗日的争论，在此之前还有与丹尼尔关于无穷级数敛散性的争论。欧拉确实看到了发散级数的某些困难，但总体上他对这个问题的认识还是不清楚的。通过争论，他们预见到了关于无穷级数的两个充满生命力的思想，后来得到了承认。第一个是发散级数可以用来给函数作数值逼近。第二个是级数可以在解析运算中代表函数，即使这个函数是发散的也行。

欧拉不愿拍马钻营地讨好腓特烈，这使他的言行越来越不适合腓特烈的口味了。1759年莫培督死后，欧拉一直在国王的监督下领导科学院的一切工作。1763年当欧拉听说腓特烈要把院长之职授给达朗贝尔时，他开始考虑离开柏林。达朗贝尔虽然由于数学上的争论和欧拉有点芥蒂，但他耿直地告诉腓特烈，把任何数学家置于欧拉之上都是不恰当的，可能这使腓特烈更加生气。当彼得堡科学院了解到这一情况后，立即禀告叶卡捷琳娜女皇二世，女皇很快就给欧拉寄来了聘书，欧拉1766年7月9日离开柏林，28日重新回到了彼得堡。

四、重返彼得堡

叶卡捷琳娜女皇二世以非常隆重的仪式迎接欧拉全家的到来，在涅瓦河畔为欧拉一家18人准备了豪华的住宅，并派去了自己的厨师管理欧拉的膳食。来到彼得堡的那年冬天，欧拉由于白内障几乎失去了左眼的视力，1771年欧拉完全失明了。幸好在他完全失明之前，他已经能用粉笔在黑板上盲写公式，助手再把它们抄下来，他再口述一些对公式的说明。这样，完全失明以后的17年间，欧拉的著作产量并没有降低，他几乎一半的著作是在1766年以后完成的。

1771年冬，彼得堡的一场大火殃及欧拉的住宅，房子里面的陈设，包括藏书全部葬于火海。1773年11月，陪伴欧拉几十年的妻子柯黛琳娜去世。欧拉面对接踵而来的不幸，始终没有停止过他的研究和著述，仅仅在1776年他就写下了56篇重要论文，计1000多页。这段时间，他在微分方程、微分几何、数论、代数、光学、力学、天文学、船舶学、航海学等方面都做出了显著的贡献。主要著作有《刚体运动理论》（1765）、三卷本《积分学原理》（1768—1770，大部分内容是在柏林准备的）、《给一位德国公主的信》（1768—1772，内容是在柏林准备的，它一出版就引起了世界的轰动，并被译成多国文字，再版了12次）、两卷本《关于代数学的全面指南》（1770）、三卷本《屈光学》（1771—1772）、《月球运动理论和计算方法》（1772）、三卷本《船舶操纵及结构理论》（1773—1774）。另外，像"二次互反率"等一些重要贡献也是在这一时期完成的。

五、"他停止了生命,也停止了计算"

1783年9月18日上午,欧拉和平时一样,为孙女辅导了数学课程,用粉笔在两块黑板上做了有关气球运动的计算。下午,彼得堡科学院院士莱克赛尔和富斯来访,欧拉坐在客厅的沙发上,抽着烟,喝着茶,兴致勃勃地和客人谈论着蒙高飞兄弟的气球飞行,还介绍了他推导的气球受力公式,讨论了两年以前 F. W. 赫歇尔发现的天王星轨道计算,并简述了自己的计算思想。下午5时左右,突然欧拉手中的烟斗掉到了地上,嘴里喃喃地说"我要死了",就失去了知觉。他患的是脑溢血。晚上11时许,欧拉停止了呼吸。

在巴黎科学院的追悼会上,法国数学家孔多赛在悼词结尾耐人寻味地说:"他停止了生命,也停止了计算。"

欧拉生前曾对叶卡捷琳娜一世的宠臣奥尔洛夫伯爵说:"我死后要给科学院留下足够刊登20年的文稿。"实际上欧拉的遗作直到1862年才刊登完。1907年,瑞士自然科学史协会决定出版《欧拉全集》,德奈斯特罗姆从分散发表在不同杂志、科学院丛书和其他书中整理出一份欧拉著作清单。欧拉一生共出版了850篇(部)著作,另外有31种是在他的授意下写成的,其中尤以数学方面为最。约有40位数学、力学、天文学、物理学和自然哲学的不同分支的专家参加了该全集的编辑工作,原计划出版三集72卷,但在出版过程中又增添了第四集十几卷。

高斯说:"对于欧拉工作的研究,将仍旧是对数学不同范围的最好学校，并且没有别的可以替代。"

拉普拉斯说："在数学领域，18 世纪是欧拉的世纪。"他还说："读读欧拉，读读欧拉，他是我们大家的老师。"

美国著名的数学史家 M. 克莱因说："没有一个人像他那样多产，像他那样巧妙地把握数学；也没有一个人能收集和利用代数、几何、分析的手段，去产生那样多令人钦佩的结果。他是顶呱呱的方法发明家，又是一个熟练的巨匠。"

欧拉是数学通才的第一个，也许是最伟大的一个。阿拉哥指出，他成功的原因之一是他决不妄自尊大，他经常写一些初级易懂的东西，教授与发现相结合。他不是一个狭隘的数学家，在文学和科学的各个方面，他至少是知识渊博的。

欧拉的成功得益于他非凡的记忆力和心算能力。他 70 岁时还能准确地背诵年轻时看过的《伊利亚特》，并能指出每一页的头行和末行。他能背诵当时数学领域的全部公式和前 100 个素数的前六次幂。他不仅能心算普通的初等运算题目，而且也能心算高等数学中的算式。孔多塞讲述了一个例子：欧拉的两个学生在计算一个复杂的收敛级数时，需要把它们的前 17 项加起来，当他们算到第 50 位的时候因相差一个单位而争执了起来，欧拉心算了整个计算过程，给出了正确的答案，欧拉的心算天才传为佳话。

欧拉的成功不仅仅缘于他的天才，对科学的执着追求和献身精神，使欧拉无论何时何地，身处困境还是置身于嬉闹的孩子们之间，他都能平心静气地把自己整个身心投入到研究中去。这是坚强的毅力，这是对人类科学事业的无限信仰，使他认为他应该这样做。

1755 年，19 岁的法国青年拉格朗日给欧拉写信讨论"等周问题"的解法。欧拉注意到拉格朗日的论文很有见地，他就把自己这方面的论文压下，让拉格朗日的论文优先发表，使拉格朗日成为"变分法"的创始人之一，并由此很快出名，成为一名优秀的数学家。1766 年，欧拉在离开柏林前，还向腓特烈推荐拉格朗日为柏林科学院物理数学研究所所长，尽管他们在很多问题上公开辩论过。欧拉的道德情操由此可见一斑。

六、欧拉的数学业绩

作为 18 世纪最杰出的科学巨匠，欧拉首先是一位数学家；作为一名举世闻名的数学大师，他首先是一位分析学家。他发展了伯努利家族继承的莱布尼茨学派的微积分，工作几乎遍及 18 世纪数学的每一个分支，并都做出了重大贡献。

1. 分析学方面

约翰在给欧拉的一封信中说："在我向你们介绍高等分析的时候，它还是一个孩子，而你正要把它带大成人。"《欧拉全集》29 卷的纯数学的内容，有 17 卷属于分析学领域，所以他被同时代的人们誉为"分析的化身"。

欧拉从年轻的时候就注意到，莱布尼茨的分析学使用了大量的数学符号，使之表达起来整齐、简洁、明了，容易让人接受，在这一方面要优于牛顿的体系。所以欧拉始终注意符号的采用，他一生发明了许多重要的数学符号，很多一直沿用至今。比如 e（自然对数的底)、$f(x)$、$\sin x$ 等三角学中的一些符号，Δy、$\Delta^2 y$ 有限差分符号、求和符号 $\sum$、i 表示虚数单位、数列 $\dfrac{1}{n}$ 及其前 n 项和 S_n 等。

函数概念是全部数学最重要的概念之一，尤其是它对分析学摆脱几何上的直观走上代数化的道路，起了至关重要的作用。莱布尼茨最先提出函数概念。约翰·伯努利初步将函数概念公式化。欧拉先后两次给出了函数的定义，明确地表述了函数要用解析式来表达（虽然这种思想有很大的局限性，但它在当时的确反映了对函数概念认识的进步）和对应的思想。他区分了代数函数和超越函数、一元函数和多元函数、显函数和隐函数。但他在函数的连续性上还存在着模糊的认识。在三角函数方面，欧拉用比值给出了三角函数的定义，给出了正弦和余弦的级数表示，建立了指数函数、对数函数和三角函数的联系，从 $\sin^2 x+\cos^2 x=1$ 出发，系统化了三角函数的公式，并得出了一些形式优美而又非常重要的公式，如棣莫弗定理等。

他研究得出了许多微积分公式，导出了函数恰当微分的必要条件，对一元函数、二元函数的极值问题也得出了许多重要的结果。欧拉叙述了不定积分的方法，计算了许多困难的定积分，创造了变量替换等积分方法，他引入了 β 函数与 Γ 函数，并发现了它们的许多性质，明确了二重积分的概念，并给出了累次积分的程序，发现了椭圆积分的加法定理与乘法定理等。

2. 微分方程方面

欧拉在解决力学、物理问题的过程中创立了微分方程这门学科，他给出了任意阶常系数线性齐次微分方程的古典解法，最早引入了通解和特解的名词。他发明了用降阶法求解常系数非齐次线性方程的解法，常数变易法、积分因子法、欧拉折线法等都是他的发明。欧拉在研究弦振动、鼓膜振动、管内空气运动等问题过程中，对二阶线性偏微分方程做了深入的研究，如位势方程、贝塞尔方程等，得出了许多重要结论，数学史上对偏微分方程线性研究的第一篇论文是欧拉完成的。

3. 变分学方面

欧拉的《寻求具有某种极大或极小性质的曲线的方法》是变分学史上的里程碑，标志着变分学作为一个新的数学分支的诞生。这本书收集了他从 1738 年到 1744 年间关于变分法最小作用原理的一般求解问题的研究成果，对测地线尤其是最速降线等问题做了充分研究，得出了一些极重要的成果，如欧拉方程等。

4. 级数方面

欧拉是 18 世纪对无穷级数研究得最多的数学家，他把无穷级数与有限项多项式等量齐观地进行运算，得出了许多有意义的结果，如著名的 ζ 函数、有限差演算法等。他还研究了调和级数，引入了级数变换、傅立叶三角级数及其系数公式。另外，欧拉对无穷乘积、连分式也有深入研究，他的工作给今后无穷级数的研究指明了方向。

5. 复变函数论方面

欧拉把实函数的许多结果形式推广到复数域，并得到了复数域关于代数运算和超越运算封闭的结论，还在解析函数的一般理论方面取得了最初的进展，对复函数的积分也得出了新方法（代换方法）。欧拉用保角映射把复变解析函数用于理论制图学等方面。

6. 数论方面

数论自古至今都在吸引着无数的最优秀的数学家加入，欧拉对数论也做出了巨大的贡献。他证明了费马小定理，以及费马大定理当 $n=3, 4$ 时的情形，他发明的欧拉定理和欧拉函数在数论中占有极重要的地位。欧拉发现的二次互反率是 18 世纪数论中最富开创精神的成果，高斯称它为"算术中的宝"，由它出发后世的许多数学家都做出了许多重要的发现。欧拉解出了许多经典方程，如丢番图分析、佩尔方程等。他开创了解析数论这门新学科，第一个明确定义了 ξ 函数。欧拉巧妙地证明了素数无穷，即欧几里得定理，在完全数、亲和数、素数方面做出了许多惊人的发现。

7. 代数学方面

1732 年欧拉对 G. 卡尔达诺的三次方程解法做出了第一个完整的讨论，1742 年他第一次阐述了所有实系数 n 次多项式都可以分解为一次或实二次因式的积，即具有 n 个形如 $a+bi$ 的根。他的《代数学入门》是 16 世纪中期以来代数学的一个系统总结，此书出版以后，很快被译成英、荷兰、意大利、法等多国文字。1737 年欧拉基本上证明了 e 和 e^2 是无理数。早在 1744 年他就认识到了代数数与超越数的区别，他还正确地解决了复数的对数问题。

8. 几何学和拓扑学方面

18 世纪广泛地探讨了二维解析几何和三维坐标几何，欧拉在这些方面也做出了突出贡献。他引进了曲线的参数表示，极大地发展了二次曲线理论。他还探讨了三次曲线、高次平面曲线。他通过欧拉角坐标变换研究了锥面、柱面、椭球面、单叶和双叶双曲面、双曲抛物面（这是他发现的）、抛物柱面，稍后他给出了齐次线性正交变换，对曲面的研究达到了极高的境界。欧拉还扩充了极坐标的使用范围。

在微分几何方面，欧拉于1736年引进了平面曲线的内在坐标概念，从而开创了曲线内在几何的研究。证明了摆线的渐展线还是摆线，给出了扭曲线理论的完整论述，引进了球面指标线、曲率、曲率半径、密切平面等概念，给出了密切平面的方程。1728年，欧拉给出了曲面上测地线的微分方程，1760年在他的《关于曲面上曲线的研究》中建立了曲面的理论，这是微分几何发展史上的新篇章。他把曲面表示为$z=f(x, y)$，而且引进了现代的标准符号：

$$p=\frac{\partial z}{\partial x}, \quad q=\frac{\partial z}{\partial y}, \quad r=\frac{\partial^2 z}{\partial x^2}, \quad s=\frac{\partial^2 z}{\partial x \partial y}, \quad t=\frac{\partial^2 z}{\partial y^2}。$$

他引进了曲面的参数表示，研究了空间曲面和可展曲面的关系，并且证明了任何空间曲面的切线族添满或构成一可展曲面。

欧拉对拓扑学也做出了重大贡献，他解决了哥尼斯堡七桥问题，是拓扑学和图论的先声。欧拉得出的凸多面体中顶点数V、棱数E、面数F之间的关系式$V-E+F=2$是拓扑学中重要不变量之一。

七、欧拉的数学思想

欧拉的研究领域如此之广，著作是如此丰富，除他惊人的勤奋和天分之外，还在于他深邃的数学思想。

1. 以解决具体的物理问题为根本目的，忽略数学对严密性的要求

欧拉在完成数学抽象模型、给出解法、选择结果、验证结论的整个过程中，很多时候以实际情况为准绳，忽略数学本身对细节、推理严密性的要求。这样的思想虽然会影响到他个别结论的正确性和完善性，但就他所处的数学时代、他的多产和开创性工作来说，无疑是合理的、卓越的，他为19世纪甚至20世纪的数学发展提供了无限的契机，打下了坚实的基础。

偏导数的演算是由欧拉研究流体力学问题的一系列文章提供的。对振动弦的研究促使欧拉推广了函数的概念，不再认为函数的解析表达式必须唯一，开始考虑函数的连续与否的问题，甚至还放宽了对数函数自变量的取值范围，允许取复数做自变量了。欧拉对级数的研究表现出了极端的不严密性，他有时候不考虑收敛性，任意地取代级数中的变量，比如他会从 $\frac{1}{1-x} = 1+x+x^2+x^3+\cdots$ 中，令 $x=-1$ 得，$\frac{1}{2} = 1-1+1-1+\cdots$，但他确实在级数理论方面做出了重要贡献。1747年，欧拉在研究行星扰动理论时，得到了函数的三角级数表示。1777年，欧拉在研究天文问题时，用三角级数的正交性得到了其系数表示。对摆在有阻尼介质中运动的研究中，在关于带有任意多个有重量的柔软细绳的振动研究中，声在空气中的传播等问题的研究中，欧拉开始了二阶微分方程的研究，那些微分方程的特解大多都依赖于具体问题的物理条件，大多情形下只能凭借实际情况，否则他还不能给出解。他关于偏微分方程的研究缘于粗细可

变弦的振动问题和鼓、长笛、管风琴、铃等乐器发声的研究。他在 1755 年的一篇文章中说:"如果我们不能洞察关于流体运动的完全知识的话,那么归结其原因不在于力学,或不在于已知的运动原理不够充分,这里是分析的本身抛弃了我们,因为流体运动的全部理论正好被化归成分析公式的解。"从他的话中,我们可以看出欧拉的数学对物理的依赖程度。

2. 归纳和类比

欧拉是善于归纳和类比的大师,他凭借敏锐的观察、大胆的猜测和巧妙的证明,得出了许多重要的发现。我们从他的《关于整数因子和的一个非常奇特规律的发现》一文中可以看出作为数学大师的欧拉在这方面的气魄。

他先定义了符号 $\sigma(n)$ 表示数 n 因子和,他归纳出一般规律 $\sigma(a^n) = \dfrac{a^{n+1}+1}{a-1}$,更一般的 $\sigma(a^\alpha b^\beta c^\gamma d^\delta) = \sigma(a^\alpha)\sigma(b^\beta)\sigma(c^\gamma)\sigma(d^\delta)$。这样任一个数的因子和都能够求出了。

为了求出因子和序列的规律,欧拉列出了从 1 到 99 各数的因子和序列表,并从中归纳出如下的公式:

$\sigma(n) = \sigma(n-1) + \sigma(n-2) - \sigma(n-5) - \sigma(n-7) + \sigma(n-12) + \sigma(n-15) - \sigma(n-22) - \sigma(n-26) + \sigma(n-35) + \sigma(n-40) - \sigma(n-51) - \sigma(n-57) + \sigma(n-70) + \sigma(n-77) - \sigma(n-92) - \sigma(n-100) + \cdots$。

并做如下说明:

Ⅰ. 每两个加号之后有两个减号。

Ⅱ. 要从 n 减去 1, 2, 5, 7, 12, 15, …诸数,若取其差,易

见其规律：

数 1，2，5，7，12，15，22，26，35，40，51，57，70，77，…

差 1，3，2，5，3，7，4，9，5，11，6，13，7，…

在差这一列里交替出现了 1，2，3，4，5，6，7，…与 3，5，7，9，11，13，…，并且可以把这两个序列写到任意长。

Ⅲ. 这序列虽然无穷，但每次只取到括号中的数大于 0 为止，不取负数。

Ⅳ. 若公式中出现 $\sigma(0)$，其值不定，应以 n 代之。

从如此庞杂的数列中归纳出如此复杂的递推公式，得出整齐的规律，我们把这完美的结果归因于欧拉对归纳法的巧妙运用。实际上，欧拉在他的分析学、数论、级数等许多领域都出色地运用了归纳法，其中许多结果脍炙人口，流芳百世。

类比推理是指根据两种事物在某些特征上的相似性，做出它们在其他一些特征上也相似的结论，对科学发现来说，它是一种行之有效的方法，这在欧拉的工作中有突出的表现。比如，在求解 $\sum_{n=1}^{\infty}\frac{1}{n^2}$ 这个著名的问题中，欧拉就表现出了他对类比方法的出色运用。

设 $2n$ 次方程

$$b_0 - b_1 x^2 + b_2 x^4 - \cdots + (-1)^n b_n x^{2n} = 0 \qquad (1)$$

有 $2n$ 个根 β_1，$-\beta_1$，β_2，…，β_n，$-\beta_n$，则

$$b_0 - b_1 x^2 + b_2 x^4 - \cdots + (-1)^n b_n x^{2n}$$

$$=b_0\left(1-\frac{x^2}{\beta_1^2}\right)\left(1-\frac{x^2}{\beta_2^2}\right)\cdots\left(1-\frac{x^2}{\beta_n^2}\right) \quad (2)$$

比较两边的系数得

$$b_1=b_0\left(\frac{1}{\beta_1^2}+\frac{1}{\beta_2^2}+\cdots+\frac{1}{\beta_n^2}\right) \quad (3)$$

设方程 $\sin x=0$，即 $\dfrac{x}{1}-\dfrac{x^3}{3!}+\dfrac{x^5}{5!}-\dfrac{x^7}{7!}+\cdots=0 \quad (4)$

设 $x\neq 0$，方程（2）两边同除以 x 得

$$1-\frac{x^3}{3!}+\frac{x^4}{5!}-\frac{x^6}{7!}+\cdots=0 \quad (5)$$

$\sin x=0$ 有无数个根：0，π，$-\pi$，2π，-2π，3π，$-3\pi\cdots$
所以方程（4）有 π，$-\pi$，2π，-2π，3π，$-3\pi\cdots$无数个根。
欧拉类比方程（1）和（5），得出了

$$1-\frac{x^2}{3!}+\frac{x^4}{5!}-\frac{x^6}{7!}+\cdots=1\times\left(1-\frac{x^2}{\pi^2}\right)\left(1-\frac{x^2}{(2\pi)^2}\right)\left(1-\frac{x^2}{(3\pi)^2}\right)\cdots \quad (6)$$

再次类比方程（2）和（6），得出了

$$\frac{1}{3!}=\frac{1}{\pi^2}+\frac{1}{2^2\pi^2}+\frac{1}{3^2\pi^2}+\cdots,$$

即 $\dfrac{1}{1}+\dfrac{1}{2^2}+\dfrac{1}{3^2}+\cdots=\dfrac{\pi^2}{6}$。

在解题过程中，欧拉类比有限项多项式的展开规则，把无限项多项式因式分解；他再次类比有限项与有限项恒等的规则，得到无限项与无限项恒等的规则，最后非常巧妙地得出了结论。

3. 数学直觉和数学美

直觉是指对情况的一种突如其来的顿悟和理解,使长期思考的问题突然之间得到解决或澄清。"数学也是一门需要创造性的学科,在预测能被证明的内容时,和构思证明方法时一样,数学家们利用高度的直觉和想象。""逻辑和直觉各有其必要的作用,二者缺一不可。唯有逻辑能给我们以可靠性,它是证明的工具;而直觉则是发明的工具。"欧拉在他的许多工作中就体现了这种思想。

尽管莱布尼茨等那个时代的许多数学家都不相信"任一实系数多项式都能分解成实系数的一次因式或二次因式的积",歌德巴赫也不相信,并给出了反例,欧拉却断言它能成立,尽管他没能证明它。凭借直觉的力量,欧拉努力给出了哥德巴赫反例的因式分解,而且证明了该命题直到六次多项式都成立。欧拉相信费马大定理的正确性,尽管他只能证明 $n=3$,4 时的情形。欧拉在给歌德巴赫的一封信中说:"无论如何,'每个数都是两个素数之和'这一定理我认为是相当正确的,虽然我并不能证明这一点。"欧拉还预言了当时数论上的许多论断的正确性,如费马的"每一个正整数是不多于四个平方数的和"(他花了40余年的时间也没能证明它)等。他也给出了许多命题,如"两个互质数的平方和的任何约数也是两个数的平方和","形为 $3n+1$ 的素数能唯一地表示为 x^2+3y^2 的形式"。遇到这样的问题,在证明之前的直觉给了他许多智慧和力量,当然分析是必不可少的,关键是许多问题在当时无法按部就班地解决。

直觉在数学发现中起着重要的作用,那么直觉更深一层潜在的诱导因素是什么？这显然更接近心理学的研究范围。但内心对数学美的体验和追求是诱发这种直觉的因素之一。对数学美的崇尚，使数学家用简单、统一、对称、整齐的眼光审视、要求他们所面对的数学对象，一些重要的发现在这样的过程中诞生了。

欧拉有许多优美的数学结果，如他求得了许多优美的级数：

$$\frac{1}{2} = 1 \pm \cos x + \cos 2x \pm \cos 3x + \cos 4x \pm \cdots$$

$$\frac{\pi^2}{6} = \frac{1}{1} + \frac{1}{2^2} + \frac{1}{3^2} + \cdots$$

$$\sin x \pm 2\sin 2x + 3\sin 3x \pm \cdots = 0$$

$$\cos x \pm 4\cos 2x + 9\cos 3x \pm \cdots = 0$$

这些整齐、对称、富有规律的式子会让任何有数学素养的人都叹为观止。他曾经得到过这样一个式子 $e^{\pi i}+1=0$，数学中最重要的常数 e，π，i，1，0 都集中在这个式子中了，一种数学大家庭统一的壮观美油然而生。他曾受音乐审美学主要问题的推动，力图证明变粗细的或者不均匀的弦会发出不和谐的泛音。在处理流体内任一点的速度分量 u、v、w 时，欧拉曾证明了 $udx+vdy+wdz$ 必定是一个恰当微分。他引进函数 s，使得 $ds=udx+vdy+wdz$，于是

$$u = \frac{\partial s}{\partial x}, \quad v = \frac{\partial s}{\partial y}, \quad w = \frac{\partial s}{\partial z},$$

但是，不可压缩流体的运动遵从所谓连续性定律，即

$$\frac{\partial u}{\partial x} + \frac{\partial v}{\partial y} + \frac{\partial w}{\partial z} = 0,$$

这在数学上表达了运动过程中既没有物质被消灭也没有物质产生这个事实，于是由此推得

$$\frac{\partial^2 s}{\partial x^2}+\frac{\partial^2 s}{\partial y^2}+\frac{\partial^2 s}{\partial z^2}=0。$$

欧拉通过这些简洁、整齐、对称的位势方程，表达了数学与自然的和谐，美与真理达到了完美的统一。

（作者：李鹏奇）

贝祖

西方消元理论的开拓者

艾蒂安·贝祖

(Étienne Bézout, 1730—1783)

18世纪下半叶，方程的代数理论迎来了新的进展。关于多项式的基本知识已众所周知，计算技巧日益高超，以现代标准来衡量亦是如此。而且，这一时期最显著的研究精神与卡尔达诺时代迥然不同：不再考虑这些理论是否可应用到解数值方程上，也没有涉及任何实际问题。这一学科就数学性而言变得愈加纯粹，并且，它的发展愈加来自自身动力的推动。在不到一个世纪的时间内，在一些天才数学家的推动下，它经历了一段快速发展的时期，并强烈地改变了整个代数学的主题。18世纪代数方程发展的方向之一就是方程组理论，而从方程组中消去未知量的卓越方法，是由贝祖第一个在1764年的文章中勾勒出大致轮廓，并在他的《代数方程的一般理论》（1779）中公布于众的。

一、贝祖生平简介

艾蒂安·贝祖，1730年3月31日生于法国内木尔镇上的一个古老家族，1783年9月27日卒于法国枫丹白露附近的逻各斯。他的母亲是海伦·珍妮，父亲皮埃尔·贝祖是内木尔镇上的一个司法官，艾蒂安·贝祖是这个家庭的第二个儿子。由于他的父亲和祖父都曾担任当地的地方司法官，所以父亲也希望艾蒂安子承父业。尽管身上肩负着来自家庭对于其职业的希望和压力，数学知识却强烈地吸引着这个年轻人,尤其是在他读过莱昂纳德·欧拉的著作之后,书中精深的数学知识对于艾蒂安的吸引力远远超过了其父母对其职业选择的期许,贝祖一接触到欧拉的著作,便立志献身于数学研究工作。他在1756年出版了一本文集《动力学》,接着,又发表了《求量的微分》(1757),1758年发表了《求曲线长》,其中后两篇文章是关于积分的研究。

他在数学上的造诣很快就得到了法国科学院的赏识。1758年,贝祖被任命为法国科学院的力学助理,同年,又成为皇家监察官。1763年,克瓦瑟公爵任命贝祖为数学科学教师,并任命他为海军警卫审查官。他在任期内被委以重任,为那些将要成为海军军官的年轻人撰写一本数学教科书。贝祖因为这本始源于政治任务的教科书而闻名一时,这本教材最初是以1764年到1767年出版的四卷本著作《数学教程》形式而问世的。这些书的定位是教授军人关于航海或弹道学所需的初等数学以及力学知识,所以实用性较强。

1768年,舰炮审查官加缪去世。贝祖被指派接替他的位置。于是,他在炮兵部队中又担任了相同的职务,成为炮兵部队的审查官。在此期间,他开始致力于撰写另一本数学教科书,即在1770年到1782年出版的一部六卷本著作《数学教程大全》。这是一部非常成功的著作,在很长一段时间内,它都是学生希望进入巴黎工学院学习的教材之一,著作中部分内容就来自为这些学生开设的讲座课程。格拉比纳曾经在《科学传记辞典》中这样写道:"教授非数学人士的经历决定了这部著作的风格:贝祖在讲代数之前先讲解几何学,因为他发现尽管初学者理解几何中的证明,但他们却不足以熟悉数学推理以理解代数论证的作用。他避开那些令人望而生畏的术语'公理''定理'……并尽量避免那些非常相近而又很详细的论证。"

尽管他撰写的这些教材因为缺乏严谨而招致了一些批评，但当时仍然在法国被广泛地使用。19世纪初期，这些著作还被翻译成英文在美国及其他一些法国以外的国家传播开来，当地的一些学校也开始将其作为教材而使用。一名叫约翰·法勒的译者在哈佛大学里使用这部教材的英文版来教授微积分。显著的实用性定位以及叙述的简洁性，都使得这些著作在美国广受欢迎。这些译本在相当大程度上影响了19世纪美国数学教育的形式和内容。

贝祖在1768年晋升为科学院的力学会员，1770年晋升到可以领取养老金的职位。正如我们已经提到的，贝祖是以教科书作者的身份而出名的，但是他也同样因其在代数学，尤其是方程方面的工作而闻名于世。在他1763年的任命之后，作为一个负责任的教师和审查官，教学工作占据了他大部分的时间和精力，于是只剩下非常少的时间来进行数学研究，因此，他决定限制自己研究的范围，只研究一个不太宽泛的学科——方程理论，以便能在一个有限的领域内得到有价值的结果。他最初的两篇文章（1758—1760）是关于积分的研究，从1762年开始，他则全身心地投入到了代数学的研究之中。

格拉比纳在传记里写道："贝祖结婚很早并且非常幸福，尽管他平时沉默寡言，而且有些沉闷木讷，但是了解他的人都说他是一个非常仁慈并且热心的人。在1763年，贝祖成为一个父亲……"

在 1783 年贝祖去世后,在他出生的城镇内木尔竖立了一座雕像以纪念他的伟大成就。

二、贝祖关于消元理论的文章和著作

贝祖研究数学的方法很有趣,他经常使用一种"简化假设法"来钻研一般问题的特殊情况,这在今天仍然是得到一般结果的好方法。他致力于处理最一般的问题,但是由于这通常超出了自己的数学知识可以达到的程度,所以他总是处理他能够解决的一般问题的特殊情况。这种方式总是可以渐进地理解问题的一般情形直至最终被解决,贝祖称之为"简化假设法"。这种研究方式对于贝祖的第一篇关于代数学的文章《关于有代数解的一类方程的研究》(1762)中的思想非常重要。在这篇文章中,他研究了含一个未知数的单个方程可以通过将其写为含两个未知数的两个方程而得以解决。他写道:

众所周知,一个确定方程总是可以看作是含两个未知数的两个方程当消去其中一个未知数时的结果。

当然,从表面上看这样并不会有助于解方程,但是,贝祖假设其中一个方程具有特别简单的形式,例如,他假设两方程之一仅含有两项,一项具有次数 n,另一项就是常数项。这篇文章还介绍了贝祖最重要的贡献,也就是解决一个联立方程组而使用的消元法,这个方法的结果就是得到一个只含一个未知数的结式方程。

这篇文章为解特定 n 次方程提供了一种方法。贝祖将解含一个未知数的 n 次方程的问题与利用消元解联立方程组的问题联系起来,这样一个过程与 18 世纪对于通过将一个 n 次方程（看作由 n 个线性因式的乘积而构成）中根与系数关系的研究类似。如果这两个辅助方程之一具有非常简单的形式——比如，仅含有最高次项和一个常数项——贝祖发现这样就可以得到解的形式。如果一个仅含一个未知数的给定方程的系数的形式由这样一个特殊解而构成，则这个 n 次方程就可解。

这篇文章的重要性在于，它将贝祖的注意力从明确地解 n 次方程问题——18 世纪代数学的关注点——转移到了消元理论上，即他所做出最重要贡献的领域。对于贝祖而言，消元理论的核心问题就是：给定含 n 个未知数的 n 个方程，去求被贝祖称为仅含一个未知数的结式方程。这个方程含有出现在 n 个给定方程的解中的那个未知数的所有值。贝祖希望求得的这个结式方程具有尽可能低的次数，也就是说，含有尽可能少的多余根。他也希望求得这个方程的次数，或者至少是这个次数的上确界。

他对于解方程中应用行列式方面也做出了重要工作。这方面的文章就是他在 1764 年发表的《结式方程次数的研究》。由于这篇文章中含有解联立方程组的思想，西尔维斯特在 1853 年称方程组的系数矩阵的行列式为"贝祖式"。

在这篇文章中，贝祖探讨了欧拉关于求由含两个未知数的两个方程产生的方程的方法，并且计算这个方程次数的一个上确界。他将自己的方程组扩展到含 n 个未知数的 n 个方程的情形。但是，尽管欧拉的方法可以得到结式方程次数的一个上确界，贝祖发现这个方法对于高次方程组使用起来太麻烦。于是在 1764 年的文章末尾，他给出了一个具较低次数的结式方程（现在称之为"贝祖式"）的另一种方法。

在 1764 年的文章开头，贝祖通过在被称为"贝祖表"中的系数的排列来表示我们称之为行列式的记号。他在解联立线性方程组时说明了这个表的作用，可以作为衡量这些方程是否可解的一个标准，这就为他在求结式时提供了一个准则。西尔维斯特在 1853 年明确地给出了这个线性方程组系数的行列式。

贝祖注意到自己关于结式次数的假设和欧拉不一致以后，继续从事这个问题的研究，并且在 1763 年 1 月向巴黎科学院提交了一份关于进一步研究结果的摘要。不过，需要完成这项工作的时间以及通常的发表延迟，导致他最终的文章《任意次数的一般方程的解》直到 1765 年才出现在科学院的专题论文上，而且直到 1768 年才公开发表。这篇研究报告被认为影响巨大，因此有必要在此阐述一下。

贝祖首先是以当前知识的回顾而开篇的。他说，给出一个一般方程的解，就是对于每一个根按照系数给出代数表达式。而且，这样的表达式可以包含次数直到方程次数的根。原因就是次数为 n 的方程的解可以至少含有一个 n 次根，也就是一个次数为 n 的根式。如果方程的常数项是零，次数减至 $n-1$，因此解也可含有次数为 $n-1$ 的根，基于相似的讨论，因此有自 n 以下的每一次数的根。

这个方法使得贝祖得到一个重要的结果：（i）次数为 n 的方程的完全结式的次数是 $n!$；但是，（ii）每一项的次数是一个 n 次幂使得结式本质上化简为一个次数为 $(n-1)!$ 的方程。显然，随着 n

的增加，结式的次数也会快速地增加，并且要远远高于原方程的次数，不过，它的解会包含次数不超过 n 的根，并且解决它的困难程度也不会大于解原方程的难度。

这些文章以及贝祖后来又发表的关于方程理论的文章结集成册于 1779 年出版，即《代数方程的一般理论》。在这本书的扉页上还记载着贝祖致敬当时的海军内务部长的题献。这本著作中最著名的成就就是贝祖定理的陈述和证明："任意个含相同个数未知数的任意次数的完全方程的最终方程的次数，等于方程次数的乘积。"在这本著作里，贝祖也给出了麦克劳林关于两个代数曲线交点结论的完美证明。

在欧拉之后，贝祖定义了一个完全多项式，他将完全方程用一个多项式来定义，这个多项式含有次数不超过多项式次数的未知数的所有可能乘积。对于各种不完全方程组而言，贝祖也计算了结式方程的次数小于方程次数的乘积的情况。但是，弄清楚这个问题需要面对的困难就是，他既没有使用简单的下标符号来标注未知数，也没有用下标符号来标注他的方程。尽管如此，他还是通过冗长而又繁杂的代数操作并借助少量的归纳论证证明了他的定理。

这个证明使得人们惊讶于贝祖的独创性，他像欧拉那样，不仅能够巧妙地处理公式，而且能够选择其中最有效的途径。他通过发现 1，2，3，…阶的情形而归纳出 n 阶的结果，并为此而进行论证。而且，当时还未使用带有编号的下标，所以他使用的符号很不方便。

贝祖简略地强调他的定理有一个几何解释："可由代数方程表示

的三张曲面的彼此相交的交点不能多于这些方程次数的乘积。"但是，这个几何解释必须修改以适用于特例，比如，三张平面可交于一条直线的情形。

贝祖关于结式的工作启发了现代消元理论的研究，包括柯西和拉格朗日对于消元过程的精简以及西尔维斯特关于结式和惯性形式的工作。在《代数方程的一般理论》的序言中，贝祖抱怨代数学变成了一门被忽视的科学。但是他的成就说明了一个事实：即使他的同时代的人不能解 n 次一般方程，也并不代表代数学中没有富有成效的研究领域。

三、贝祖关于消元理论的成就

如笛卡儿和牛顿所预示的那样，几何朝代数的方向发展，则有必要探讨联立方程组问题。笛卡儿提出将平面曲线分为代数的和非代数的两类，并且对于前一类，根据它们的次数再进行划分。在研究二次轨迹性质上，分析很快就超越了纯粹几何学，欧拉很容易地就证明了两个二次轨迹相交的方程次数为 4。一般化的下一个步骤就是确定消元式的次数，或是满足两个任意次（m 和 n）联立方程的交点的方程。如上所述，这个问题在 1764 年分别由欧拉和贝祖独立地解决了，与欧拉对于数学的兴趣之广不同的是，贝祖当时将自己限定于这个很窄的研究领域。他们都给出了消元式的次数是 mn 的结果，也就是相交轨迹次数的乘积，并且都通过将问题简化为从一个辅助线性方程组中消元而证明了这个定理。也就是说，他们都依赖于后面被命名为"行列式"的形式结构。这最初发表的结果虽然仅限定于两个方程的情形，但是也足以让贝祖因此而声名在外，但是，对于贝祖而言，这只是刚刚拉开他长达一生对于消元式研究的序幕。

消元理论的发展肇始于牛顿《无穷算术》（1707）中关于一些特殊情形的消元法则之中。然后是欧拉接棒迈出了重要的下一步，欧拉早期关于消元的工作看起来都是独立于牛顿的，并且是受到曲线交点研究的启发，这与当时克莱默的研究焦点一致，并且两人各自得出相近的结果。其实，早在18世纪50年代早期，欧拉就明确地解释、评论并发展了牛顿的法则，只不过这项工作直到1766年才公开发表。而与此同时，与欧拉的想法似乎平行进行的贝祖也在研究着消元的问题。贝祖研究了牛顿的法则以及欧拉和克莱默早期的工作，他对于这个理论的发展贡献在1767年发表，也就是在欧拉后一篇文章发表一年以后。但是，直到1779年，贝祖才给出了最为清晰以及最一般化的阐述。其实直到那时，贝祖对于方程理论的贡献并不被人熟知，但是，从此以后却成了18世纪消元这个故事中的领军人物。

贝祖将消元理论拓展到含两个以上未知数的两个以上方程的系统中，并不直接与解方程问题相关，这里对于他的工作给出一个简短的陈述，以说明到18世纪60年代这个理论的发展情况。当贝祖在1760年早期写下他的文章《结式方程次数的研究》时，欧拉的《新方法》（1766）还并未发表，贝祖只是知道牛顿1707年、欧拉1748年以及克莱默1750年的研究成果，所有这些成果都被贝祖引用在他的文章中。他说，牛顿已经发现了很多有用的结果，但是他的方法导致了多余的根，并且除前几个简单例子外，这个方法使用起来非常费力。欧拉和克莱默也为此做出了改进，但是仅仅针对的是两个未知数的两个方程。贝祖羡慕他们的方法，并说，如果欧拉他们的方法可应用于更多方程时，则他不会寻求其他方法。他指出，甚至对于三个三次的方程，从两个方程中一次消去未知数会导致一个次数是 81 的消元方程，过程麻烦得难以想象，实际上，这个次数不大于 49（他并没有说明是如何知道这个次数的）。

根据贝祖所言，主要的困难在于准确地探知多余因式。即使对于两个方程的情形，工作量也会让那些最无畏的计算者望而生畏。然而，对于多于两个方程的情形，则不尽然，人们也许会徒劳无功，唯一的希望就是转而一次比较两个方程。贝祖问道，带领人们穿越这样一座迷宫的线索是什么呢？他相信到目前为止，没有具体方法来求得具有正确次数的消元方程，或者甚至是知道这个正确的次数是多少，这就是他将要解决的问题。

贝祖在写于 1762 年的文章《关于有代数解的一类方程的研究》中，讨论了他没有接受欧拉的假设。他致力于笛卡儿用于解四次方程的方法来证明他称之为结式方程或者 la reduite 的次数一定是 6。基于相同的理由，他预计五次方程的结式次数是 10，并且结式的次数一般要比原方程次数高。欧拉在 1733 年得出了一个不同的结论，即结式次数比原方程次数要低。对于四次方程的著名的次数为 6 的笛卡儿结式仅含有未知数的偶次幂，所以可以看作一个三次方程来解。相似地，三次方程的结式，尽管次数是 6，但是仅含有三次幂和六次幂，所以可看作一个二次方程来解。这样的结果使得欧拉提出，总是会得到一个次数比原方程次数要低的结式，这种说法听起来比贝祖的更容易让人接受。

从某种程度上说，早在17世纪就有数学家已预测到了这种分歧的存在。胡德、格里高利和莱布尼茨都已经发现：解一个次数为5的方程会得到一个次数为10甚至是20的方程。而契尔恩豪森似乎非常确信的是，有可能将任意方程的次数降低一次。欧拉和贝祖不知道格里高利、契尔恩豪森和莱布尼茨当时并没有公开的想法，或者是他们知道胡德对于次数为10的方程的推导，但是他们并没有提及这一点。因此，随着他们对方程结构的研究越来越深入，于他们而言，问题似乎是重新开始了一样。

贝祖首先发现解方程组得到一个更高次数的方程即结式并不是如前人所言是由于所使用方法不当所致，而是解方程组的一个必然结果，即结式次数要高于原方程次数。欧拉给出的方法中得到的最终方程没有多余的因式，并且同时可以确定最终方程的真正次数，但只适用于方程都是完全方程或是所缺项是某一未知数最高次项的情况。克莱默在他的曲线分析中用一种非常优美而简单的方法来讨论相同的问题。自此，很多非常杰出的分析学家开始探讨这类问题，但是他们把注意力全部放在简化计算上。尽管这些方法对于两个未知数的两个方程非常有用，但是它们不适用于大量的方程和未知数时的情形。

将这种方法应用于大量的方程和未知数的情况时，需要两两联立这些方程。然而，尽管这些联立的结果没有多余因式，但仍然不必要地提高了问题的复杂度。随后而来的消元法不仅需要更高的不必要的要求，还导致了更为复杂的表达式，且复杂程度随着消元数量的增加而快速增长。除此以外，还不能辨别出多余因式。贝祖认为这种复杂性的主要原因之一来自欧拉和克莱默方法中两两联立方程的需要。在他看来，使用成对的方程进行消元就是在消元过程中引入不相关的信息。他由此推断，也许可以通过一次联立多一些的方程来得到更为简单的结果，并且当时所有已知方法并不能带来任何突破，因此他创立了多项式乘数法进行消元，巧妙地规避了上述困难，以此求得次数最低、形式最简的最终方程。

结式次数的问题由贝祖在《代数方程的一般理论》中，给出了最清晰并且最一般化的阐述（欧拉在 1764 年的论文中也独立地回答了这个问题），也即这本著作中最著名的成就——贝祖定理的陈述和证明。

值得一提的是，雅可比和明金分别在 1836 年和 1841 年对两个方程的组合也给出了贝祖的消元法。但是他们谁也没有提到贝祖，也许他们并不知道贝祖的工作。然而，有一篇关于此事毫无意义的评论，就是关于雅可比和明金两人在 60 年后将与贝祖等同的方法和结果作为创新而出版的评论。其实这并不表示他们两人的工作是不必要的，但至少可以证明贝祖的工作是领先于他的时代的。

四、贝祖理论的发展历程及影响

今天已经认可的理论，甚至是任何科学中的平凡真理，都是以前曾被怀疑或者是被认为新奇的理论。一些最重要的东西长期以来不受重视甚至几乎被忽视。阅读科学史的第一个作用就是本能地惊讶于过去的无知，但是最根本的意义还是赞叹前辈们所取得的成就，以及因为坚持和天才而得之不易的胜利。容易轻信的年轻学生们理所当然地认为每一个代数方程一定有一个根的想法最终让位于虚数领域被征服的喜悦，以及对证明这个命题的天才——高斯的赞赏。

高斯和伽罗瓦所揭示的理论在今天的一般数学意识中占主导地位，即使当它并不活跃的时候也是如此。对于单个方程解性质的普遍理解构成了三个世纪以来塔塔利亚、卡尔达诺、费拉里以及众多杰出学者辛苦工作的目标，最后以拉格朗日和阿贝尔的工作达到顶点。关于一个未知数的单个方程的理论到了今天即使没有完成其所有的细枝末节，也至少完成了它的基本理论以及上层建筑。

大多数学生都熟悉关于一个未知数的两个方程的结式的构成模式，或者是两个变量的两个方程的消元式，布里尔和诺特证明了牛顿用于形成低阶方程组结式的等价过程，尽管没有明显地扩展到关于两个未知数的方程组上，但是，它有两个专利有助于一般化进程：第一，它对于联立两个方程消去任一未知数给出了直接方法；第二，求得的结式是两个原函数的一个线性组合，其乘数是变量和给定函数系数的有理函数。那么，如果涉及更多的方程以及更多变量时，这两个特征中的哪一个会更有用呢？值得记住的是，在1765年甚至还不知道消元式的次数时，贝祖从一个方程组中消去两个或更多未知数的计划所追求的主要效用就是它应指明结果的次数（比如，三个给定阶数的平面的交集的具体数值）。

逐步适用于某些系统化序列的直接方法的使用自然是更有魅

力的，并且这种模式近来被广泛应用——最大公因式方法——因为其可以在每一步中提供更有说服力的演绎论证。但是，因为贝祖在找到更为可行的方法之前试验了很多年，因此他指出这种方法也有其不足之处。如果像克罗内克那样决定使用这种方法的话，必须仔细加以辨别每一结式中的必要因式和不定因式，并且学会预先计算每一结式的次数。贝祖最终选择了这个两难之境的另一支号角，利用自己可以使用假设的权利，大胆猜测另一种做法将会是成功的。

他的假设就是从 $k+1$ 个方程中可以一举消去 k 个变量，并且所得结果会是给定函数的一个线性组合。后一个结论等价于著名的诺特基本定理，而且它的证明通常基于结式的存在性以及特定次数，因此我们承认这样的操作带有冒险的成分。

自然而然地，他的著作被后面的学者们做了诸多改进，其中最为成功的就是内托教授，他在自己的杰作《代数学》（1986）中给出了大量补充性引理。弥补一个理论自身的不足之处与发现一个新理论应得到同样的荣誉，只有通过如此众多的细致耐心和对科学忘我的奉献精神，实证真理的本质才能变得牢不可破、坚不可摧。

遗憾的是，贝祖只是探讨了数值方程的消元方法，这是因为在当时，射影群下的不变量的形式理论尚未形成。当这个理论出现以后，人们对于结式中的代数学的兴趣变得有如对于消元式中的几何学的兴趣那样浓厚。因此，对在平面中从三个方程中消去两个坐标的结果加以研究，一个不变量等于 0 就给出了三条曲线有一个公共点的条件。但是，三条曲线也可能有两个、三个或者更多的公共点。凯莱因此提出：如果一条曲线的第一极有公共点，那么当再次相交时，次数是多少呢？他自己给出了答案。布里尔的问题则更为一般化：当三条阶数不同的曲线有 d 个交点时，再出现一个公共点的条件是什么？同样，他自己回答了这个问题，也因此创立了关于简化判别式以及简化结式理论的雏形。

虽然只是探讨了两种形式的结式，在简短地回顾了关于结式次数的定理发展的可能性之后，让我们看一下贝祖对于他自己研究的重要性的个人看法，他在书中的序言里说："本书的宗旨在于数学某一分支理论的完成，所有其他分支正在等待它以获得自己的进步。"然后，在书中他嘲笑那些曾放弃研究的人仅仅是刚开始对于他们遇到的代数关系的复杂性进行研究，他说："同样吸引人而且很重要的无穷小分析……已吸引了所有的注意力并且所有的研究者投身其中，有限量的代数分析似乎成了不会再有任何发展的领域，或者说是任何关于这方面进一步的研究都是徒劳无功而已……如果我们仔细观察就会发现这样一个事实，即关于任意问题的解可能取决于无穷多未知数的无穷多方程，至今为止我们只知道关于两个未知数的两个方程的情形，再强调一次，我们只了解在不引入任何与问题无关的信息时如何处理这种单一的情形，则我们应坚定地认为在这个问题上，所有事情都尚未完成。"

在用了 463 页篇幅阐述了他的方法以后，贝祖这样总结道："我们认为有可能的是，没有哪种代数方程是我们没有给出方法来求最终方程的最低可能次数的，系数之间存在或者不存在某种关系时可能会引起那个次数的降低。"

这种观点也许有些过分乐观了，至少是希望能找到方法，通过比贝祖的方法较少的劳动而得到列举的结果。但是，毫无疑问这个目标实在太高了，值得穷尽毕生的精力来奉献于此，但是，他序言中的结论确实激起了我们的崇拜与赞叹之情：

> 我们希望这本书通过吸引分析领域中当代分析学家的天分和智慧，来证实这个理论在分析学中的伟大进步。如果就我们从哪里开始处理这些问题的以及在哪里停止研究而言，我们应该认为自己是幸运的，应该发现，我们已经履行了自己对于社会应尽的一些责任和义务。

如果一部著作通俗易懂、妙趣横生并且相称于同时代的科学知识，那么长达一生不懈地工作就不是在虚度光阴，贝祖的《代数方程的一般理论》就是这样的一部著作。

大约在 2002 年，帕里洛教授在麻省理工学院开办了一系列数学讲座，他的报告主要是阐述基于平方和方法的多项式约束的多项式最优化算法。之所以说是带有启蒙性质，是因为很多平方和最优化方法依赖于：（1）使用多项式乘数；（2）将多项式中各种单项式看作独立变量来考量，这样可以导致很有趣的算法化简。而早在二百多年前，当处理多项式方程组时，贝祖用的也是这样的方法。所以我们研究贝祖的方程组理论对于更为细致地研究这方面的课题不无裨益。

综上所述，对于贝祖在代数方程理论中所做的工作进行研究，有着历史和现实的双重意义。

（作者：周　畅　段耀勇）

拉格朗日

18世纪伟大的数学家和天体力学家

约瑟夫·路易斯·拉格朗日
(Joseph Louis Lagrange, 1736—1813)

两个多世纪以前，拉格朗日这位活跃于欧洲科学舞台的杰出人物，曾经在数学、天文学、力学等许多方面做出了重要的贡献。他是 18 世纪科学的象征，又是 19 世纪科学的旗手。他的成就使意大利、德国和法国为之感到光荣。

一、家庭与社会

1736 年 1 月 25 日，在意大利都灵城内，陆军会计官佛朗西斯科·拉格朗吉亚和他的妻子特莱沙·格罗素的第一个儿子降生了。这个婴儿就是后来名扬世界的数学家、力学家和天文学家约瑟夫·路易斯·拉格朗日。

不过，在拉格朗日诞生时的洗礼记录中可以发现，当初父母给他取的名字是吉斯佩·路道维克·拉格朗吉亚（Giusppc Lodovico Lagrangia）。似乎他并不喜欢这个名字，在青年时代，他常把自己的名字写成路道维塞·拉·格朗日（Lodovice La Grange），或者鲁依吉·拉格朗日（Luige Lagrange）。从 1754 年发表第一篇学术论文起，他又用上了德·拉·格朗日（De La Grange）这一别名，人们也常这样称呼他。一个比较正统的名字出现在 1792 年，当时用于他的第二次结婚婚约上，是约瑟夫·路易斯·拉·格朗日（Joseph Louis La Grange）。1814 年，当达朗贝尔代表法国科学院，为拉格朗日写颂词时，才又把拉·格朗日（La Grange）改写成拉格朗日（Lagrange），这个名字一直使用到拉格朗日的死亡证书上。

据说，拉格朗日的父辈是居住在意大利的地道的法国人。在法军占领意大利期间，他的曾祖父一度被派往法国服役，并担任了骑兵队队长。《里昂条约》[1]以后，才投入了萨伏依公国的统治者查理·伊曼纽尔二世麾下。后来这位曾祖父娶了一位罗马女人，致使拉格朗日家族渗入了意大利血统。

在拉格朗日的祖父一代，这个家庭开始发迹。他的祖父在都灵筹建了一家承包建筑工程和防御工事的公司，自任财政总管。这项事业足以使拉格朗日家族跻身于都灵的中上层社会。但是好景不长，祖父死后，这家由拉格朗日父亲及其兄弟掌管的公司，由于经营不善，于1800年被当局查封宣告破产，到拉格朗日成年的时候，他的家庭已经失去了昔日的气派。

意大利是一个长期被侵占和分裂的国家。拉格朗日诞生前夕，1713年，《乌得勒支和约》把西班牙占有意大利的大部分领土分配给了奥地利的查理大公。在欧洲列强的入侵下，意大利的领土被瓜分，民族意识和历史传统受到了破坏，而国内的封建贵族加紧压榨勒索，民不聊生。18世纪30年代，一场先后在米兰、托斯卡纳和那不勒斯兴起的中产阶级改革运动出现了。

拉格朗日年轻时，正赶上法国资产阶级蓬勃开展的启蒙运动。

---

1 《里昂条约》：查理·伊曼纽尔与法国亨利四世订立的条约，用萨伏依西部的几个省份换得萨卢侯爵领地，以取得独立自由权。

在中学时，拉格朗日并不热爱数学，他更爱好文学。当时，法国的新思想在意大利中等家庭中很有影响。平等、自由的观念在意大利的青年人中广泛流传。一批 18 世纪法国资产阶级启蒙思想家的最新著作陆续在意大利出现。像孟德斯鸠的《论法的精神》、卢梭的《社会契约论》以及狄德罗等人所编的《百科全书》，在意大利青年中间很有吸引力。年轻的拉格朗日正是从这些著作中吸收了新兴的资产阶级思想。

拉格朗日的父亲希望儿子能当一名律师，其原因是律师职业最受欢迎。当时，至少有十种法典，包括罗马法典、诺曼底法典、西班牙法典和奥地利法典。由于法典多而杂，又常常互相矛盾，所以许多诉讼案难以了结，这就给一大群律师提供了发财的机会。仅那不勒斯城，就供养着近三万名律师。对于父亲的安排，拉格朗日并不反对，他从启蒙思想家那里吸收了"法律万能"和"天赋人权"的思想，觉得律师正是追求"天赋人权"的职业，因此他愿意为此而做出努力。

不过，如果认为年轻的拉格朗日是法国启蒙思想家的忠实信徒，是律师职业的追求者，那就错了。17 岁那年，当拉格朗日思想趋于成熟的时候，他被"精密科学"，说得明确些，是被数学吸引过去了。从此，在科学的道路上，拉格朗日认真地走完了自己的一生。

二、数学家之路

拉格朗日 14 岁进中学，在跟教师培卡利亚和雷维里学习物理和几何的时候，便自感到在这些学科里的良好才能。最初是几何学吸引了他，后来一个偶然的机会，读了哈雷的一篇介绍微积分作用的文章《论分析方法的优点》，便又被分析深深吸引住了。这时他才真正感到"分析才是自己最爱的学科"。

说不上是天才还是勤奋的缘故，或许是强烈的兴趣的驱使，拉格朗日不久就在数学研究上做出了成绩。1754年，18岁的拉格朗日取得了第一项研究成果，他得出二个函数乘积的高阶导数公式：

$$(uv)^{(n)} = u^{(n)}v^{(0)} + C_n^1 u^{(n-1)}v' + C_n^2 u^{(n-2)}v'' + \cdots + C_n^k u^{(n-k)}v^{(k)} + \cdots + u^{(0)}v^{(n)}$$

并指出它与牛顿二项式展开公式的类同之处。对这一发现，拉格朗日当然是兴奋的。他给当时著名意大利数学家法革纳诺写了封信，详细介绍了他的发现的具体内容，并以信的形式将文章付印发表。同时他又略带羞涩地给当时正在柏林担任柏林科学院物理数学研究所所长的大数学家欧拉写了一封信，希望得到欧拉的指正和支持。欧拉当时是怎么反应的，目前不得而知。不过，当拉格朗日不久从莱布尼茨和约翰·伯努利的通信中得知，他的这项发现，早在半个世纪以前已被莱布尼茨得出的时候，他真有些说不出的懊丧，生怕被人误认为是剽窃者甚或是骗子。

这当然只是拉格朗日数学研究生涯开始时的一个小小的波折。好在这一波折发生时，拉格朗日的思想已经转向了对变分法的研究。

变分法在当时是数学的一个崭新分支。虽然有关变分法的问题早在牛顿的时候已经提出。牛顿之后，莱布尼茨、伯努利兄弟、罗彼塔以及惠更斯也都相继研究了最速降线、等时曲线、测地线以及等周问题等各种变分法问题。但是，无论是牛顿还是他以后的许多人，都没有给各种变分法问题以统一的认识和一般的处理方法。是欧拉首先完成了这项工作。欧拉于1744年发表的《寻求具有某种极大或极小性质的曲线的技巧》，以大量的实例，证明了他的方法的一般性和有效性。欧拉这本书的出版，标志着变分法作为一个新的数学分支的诞生。

拉格朗日对变分法的研究，就是受欧拉工作的启发而开始的。当时，欧拉所使用的方法是几何的，他曾经试图把几何与分析结合起来，但没有成功。这就为拉格朗日的工作留下了余地。1754年，拉格朗日创立了求积分极值问题的纯分析的一般方法。第二年他对这个方法做了系统的总结，并给欧拉寄去了。信是8月12日发出的，9月6日就收到了欧拉的回信。欧拉凭着他大数学家的敏锐目光和宽广胸怀，充分肯定了青年拉格朗日的方法，并决定把他原先打算发表的关于变分法的一篇文章压下，让拉格朗日的文章能在更大程度上施展它的影响。关于"变分法"这一名称，就是在拉格朗日给欧拉的信中首先提出的，拉格朗日当时称之为"变分方法"，欧拉则简称为"变分法"。

欧拉确实很器重这位19岁的后生，当他1756年再次接到拉格朗日的来信，得知拉格朗日已经在将变分法用于力学研究并取得了进展时，便与他的上司，柏林研究院主席莫培督取得联系，建议柏林研究院聘任拉格朗日。他认为这无论是对柏林科学院还是对拉格朗日本人都是十分有利的。但是，拉格朗日对此却十分冷淡，当欧拉把这个想法告诉他时，他毫不犹豫地谢绝了。他还是愿意留在意大利，做他刚任不久的皇家炮兵学校的教授。不过，拉格朗日后来还是担任了柏林科学院的国外通讯院士。

拉格朗日拒绝去柏林科学院任职的原因或许有多种，但他希望能在都灵也建立一个科学院却是很明显的。1757年，一些年轻的都灵科学家聚会商讨了这件事，拉格朗日建议在都灵科学院建立之前，为了加强科学家之间的联系，可先成立一个都灵科学协会，大家定期聚会并出版刊物。他的建议得到了与会者的赞同。杂志《都灵文集》也及时出版了。拉格朗日是《都灵文集》的最主要组织者和撰稿人，从1759年出版第一卷起，每卷都有他的文章，其中前三卷几乎包括了拉格朗日在都灵撰写的除了讲义和译稿的所有著作。

从1754年的第一篇论文起，拉格朗日步入了数学的大门。他不仅开创了变分法问题分析形式的一般解法，并由此派生出对被积函数具有高阶导数的单重和多重积分的研究，而且出色地把变分法用到了动力学上。他是第一个将最小作用原理用具体的数学形式[1]表示出来的人。这一工作不仅使他得到了著名的运动方程，而且还推出了力学的几个主要定律。这些成就后来都包括在他的《分析力学》一书中。尽管后人对拉格朗日在数学上的贡献有各种不同的评述，

---

[1] 这种具体形式是指对于单个质点而言，质量、速度和两个固定点之间的距离的乘积的积分是一个极大值或极小值。即对于这个质点所取的实际路径而言，$\int mvds$ 或者 $\int mv^2 dt$ 必须极大或极小。

但拉格朗日自己则始终不仅把发明变分法作为他研究生涯的第一项成果,而且还看作他在数学研究中的最杰出成就。

三、数学成就与失误

自从 17 世纪费马在数论中打了一个前哨战以后,数论在 18 世纪留下了一系列孤立的问题,这就给欧拉、勒让德和拉格朗日提供了充分施展才能的机会。拉格朗日对数论的兴趣大约产生于 1765 年前后,这在很大程度上是由于欧拉的影响。其实不仅在数论方面,在数学许多问题的研究中,拉格朗日都明显地表现出对欧拉所研究的问题怀有特殊兴趣,尤其是对欧拉尚未解决的问题。

1759 年,欧拉试图用连分式求解所谓 Pell 方程($x^2-Ay^2=1$)失败后,拉格朗日就开始注意 Pell 方程。1766 年,拉格朗日首先获得 Pell 方程解的存在性证明,接着又连续四年对原先的成果做出拓广。

数论研究中的及时成功,给了拉格朗日很大的鼓舞,他一鼓作气在这个领域做了一系列研究。1766 年,他把欧拉得出的二次不定方程 $ax^2+2bxy+cy^2+2dx+2ey+f=0$(其中系数都是整数)的不完全解,推广成为完全解。1770 年,他又把欧拉花了大约四十年时间尚未证明成功的费马断言,即每一个正整数是不多于四个平方数之和(重复出现的平方数按出现的次数论个数)证明成功。1771 年,拉格朗日又证明了数论中著名的威尔逊定理:对每一个素数 p,量($p-1$)!+1 能被 p 整除;反之,如果这个量能被 q 整除,那么 q 定是个素数。为了证明这个定理,拉格朗日自己又得出并证明了:n 是素数的充要条件是 n 能整除($n-1$)!+1。1773 年,他又在欧拉关于整数的型表示方面所取得的一些特殊结果的基础上，做出了关键性的发现：如果一个数能被一个型表示，那它就能被许多互相等价的其他的型表示，这些互相等价的型可从原始型用变量变换 $x=\alpha x'+\beta y'$，$y=\gamma x'+\delta y'$ 得出，其中 α，β，γ，δ 都是整数，且满足 $\alpha\gamma-\beta\gamma=1$。拉格朗日这一工作为后来高斯建立型的理论奠定了基础。

　　拉格朗日对数论的研究，引起了达朗贝尔的不安。这倒不是出于妒嫉，而是出于长辈对后辈的关心。达朗贝尔希望拉格朗日把功夫花在分析上，而不是花在数论上，他不相信数论有什么用。达朗贝尔比拉格朗日年长19岁。在1754年拉格朗日首次在数学上取得成就时，达朗贝尔已名扬全欧，成为欧洲许多科学院的院士。在数学上达朗贝尔关心的是分析、微分方程、代数等领域，并在其中做出了许多重要的贡献。也许是出于一种对自己所关心对象的偏爱，当他看到拉格朗日在他爱好的领域内出成绩时，显得特别高兴，反之便焦虑不安。达朗贝尔对拉格朗日的关心是真诚的。事实上在1763年拉格朗日第一次去巴黎之前，达朗贝尔根本就未见到过拉格朗日，他仅从《都灵文集》中了解拉格朗日的工作和成就。1763年9月初，两位18世纪科学界的伟人才初次见面。达朗贝尔对拉格朗日在都灵未被重视的地位感到忧虑，他趁自己去普鲁士的机会，请柏林当局向都灵宫廷说情，他把拉格朗日说成是都灵的无价之宝。达朗贝尔的干预在都灵取得了成功。不过，这更多表现在都灵皇室对拉格朗日的索求上，而不是资助上。

　　对于达朗贝尔的关心，拉格朗日是感激的，但他不能像达朗贝尔那样无视数论。拉格朗日似乎更能从数学家的自身价值来看待数论。他认为,数论问题具有奇妙的性质和艰深的难度,因此很值得数学家为之倾倒。为了得到达朗贝尔的谅解,拉格朗日专门写了封信,十分婉转地向他说明了自己研究数论的情由和遇到的困难。

后人很难把拉格朗日的科学研究明显地划分出时间段,在1766年至1787年拉格朗日科学研究的多产时期,他几乎涉及了数学、天文学、力学等在当时科学发展中最敏感、最突出的各种问题。即使在数学研究上,拉格朗日也常是穿插地进行着对各个分支的研究。

在微积分方面,除人们熟知的"拉格朗日中值定理""拉格朗日方程""拉格朗日余项"以外,更具影响的工作还要算他那重建微积分基础的最雄心勃勃的尝试。这一尝试最早体现在1772年。当时他为柏林出版的《论文集》杂志撰写了一篇题为《从相对计算到差分的种类》的文章,这篇文章实际上就是1797年出版的《解析函数论》的一个提纲。当时拉格朗日从二项式展开式和微分运算之间存在着类似点,去设想将微积分归结为代数的做法。在《解析函数论》中这个思想体现得更明显和具体。这一年他还单独发表了关于这个主题的一篇论文,题目是《包含着微分学的主要原理,不用无穷小或正在消失的量、或极限与流数等概念,而归结为有限量的代数分析艺术》。题目明显地表达了拉格朗日的意向,它似乎是冲着牛顿而来的。

其实,拉格朗日对在他之前的包括从牛顿到欧拉对于微积分基本概念的描述,都不甚满意。他说,所有这些"虽然在现实中是对的,但作为一门科学的基础却是不够清楚的,因为科学的确实性应基于它自身的证据"。拉格朗日认为,微积分实际上是一种以无穷项多项式（无穷级数）为对象的代数，因此关于微积分概念的基础应该建立在其严密性毋庸置疑的代数学上，这样不仅微积分的基础有了保障，而且还可以避免由于引入极限而带来的抽象推理和分析思维。拉格朗日对他自己的这种想法十分自信，他甚至认为，牛顿当时不曾想到这点真有些不可思议。然而，在这点上拉格朗日失误了。

拉格朗日的微积分代数化做法，是建立在任意一个函数 $f(x)$ 都可展成幂级数这一点上的。这样，函数就成了无穷多项式，函数的各阶导数就是无穷多项式中的各项系数。但事实上，函数的可展性并不是无条件的。函数的可展性要建立在各阶导数的存在性上。因此，拉格朗日的做法，不仅失去了可靠性，而且把函数的可展性与可导性的关系搞颠倒了。拉格朗日在世时，1812 年，法国数学家朗斯基就曾经明确地反对过拉格朗日的设想，后来柯西又对拉格朗日的这一尝试做了总结性批判。柯西是拉格朗日尝试的积极反对者，而且以其对数学界的重要影响，结束了拉格朗日尝试在 18 世纪末 19 世纪初所造成的影响。

不过，现在看来，尽管拉格朗日关于奠定微积分基础的尝试失败了，但他为分析的基础脱离几何和力学做出了不可磨灭的贡献。因为在这方面他的影响是决定性的。顺便指出，现在微积分学中著名的拉格朗日中值定理和无穷级数中的拉格朗日余项，最早都是见之于《解析函数论》一书的。

1767 年至 1777 年，拉格朗日对代数方程表现了极大的兴趣。在这期间，他处理了一般数值方程的解法、代数基本定理的证明、方程的级数解法、二次方程无理根的连分数表示，以及关于方程中虚根形式等许多问题。他在1771年发表的《关于方程代数解法的思考》一文达到了对这一课题研究的最高峰。

解方程原是一个传统问题，19世纪以前代数学的基本内容就是由方程的解法构成的。自从塔塔利亚、费拉里先后解决了三次方程、四次方程的一般解法以后，解四次以上方程的问题就成了代数学的中心课题。17世纪，曾由莱布尼茨和他的朋友契尔恩豪森做过认真的研究，但没有获得有效的结果。进入18世纪以后，方程的代数解法问题就格外突出了。

18世纪，有两个人对这个问题做出了最重要的贡献，一个是法国数学家范德蒙，另一个就是拉格朗日。范德蒙和拉格朗日不仅研究的问题相同，而且取得成果的程度和时间也相差无几，只是拉格朗日的表述比较开阔和清晰，对后世影响较大而已。不过，在对待荣誉的问题上，拉格朗日表现得很豁达，他公开赞扬范德蒙研究的深度和独创性。拉格朗日并没有彻底解决四次以上方程的代数解法问题，但是，他在这个问题上所做工作的意义却完全不能低估。他的工作不仅向人们展示了用代数运算解一般高次方程（$n>4$）的不可能性，而且他还给出了洞察代数方程对$n\leqslant 4$时成功和$n>4$时失败的道路。尽管他的结论不那么明确，他为这个结论所做的说明也不那么有力，但他提供了尔后彻底解决问题的思想基础。这包括，结束16世纪意大利数学家采用的对不同次方程逐个探索求根公式的办法，采用统一的方法导出二、三、四次方程的求根公式，从中观察这些方法对于解更高次方程能够提供什么线索；引进对称多项式理论、置换理论及预解式概念，并指出根的排列理论是"整个问题的真谛"，这被后来伽罗瓦的研究证明是完全正确的，从而为得出置换或代数群的理论创造了条件。

18世纪数学的主要成果集中在微积分、无穷级数、常微分方程、偏微分方程、变分法、代数、数论以及解析几何和微分几何上。除了几何，拉格朗日对他所处时代的所有数学分支都做出了积极的贡献，而且以其在微分方程中的贡献最为丰富。

在二阶常微分方程方面，拉格朗日主要研究了黎卡提方程，这个方程因可以用来求解一般的二阶常微分方程而受到重视。拉格朗日结合他对流体力学的研究，探讨了黎卡提方程的解法，同时还导出了所谓"拉普拉斯型函数"的概念。在高阶微分方程方面，拉格朗日不仅研究了常系数微分方程，其中包括齐次和非齐次的，而且极大地推进了对变系数方程的研究。拉格朗日得出了齐次方程的通解是由一些独立的特解分别乘以任意常数相加而成的结论，同时他还指出已知 n 阶齐次方程的 m 个特解，可以把方程降低 m 阶。在对变系数微分方程的研究中，拉格朗日又提出了伴随方程的概念[1]，并发现非齐次常微分方程的伴随方程是原方程所对应的齐次方程。拉格朗日还是解高阶微分方程的参数变值法的发明者，他把这个方法应用到了解高阶方程组上。拉格朗日对线性微分方程组研究的又一成果是线性变换的特征值概念。他还对奇解与通解的联系首先做出

---

[1] 伴随方程的名字是1873年才由富克斯正式提出使用的，但其概念拉格朗日早已提出了。

了系统的研究。他研究出了从通解消去常数得到奇解的漂亮方法，更重要的是，他给出了奇解是积分曲线族的包络的几何解释。

18世纪在偏微分方程研究中的主要成就，是其在弹性力学（弦振动）、流体力学和万有引力问题上的应用，这方面拉格朗日同样表现得十分出色。他于1762年发表的关于声学的两篇论文，使他一下子就在偏微分方程特别是波动方程领域步入了泰勒、丹尼尔·伯努利、欧拉、达朗贝尔等大数学家的行列。1788年发表在柏林《论文集》上的《校正牛顿的关于声音传播和波动的二个相对原理的方法》，更使他的声誉大增。

拉格朗日对流体力学的研究早在都灵时就开始了。去柏林以后，特别是在1781年至1785年间，他先后在流体运动理论、流体碰撞等方面做了深入研究。对于拉格朗日在这方面的成就，拉普拉斯曾评论道："拉格朗日的分析无论在论述的漂亮和结论的一般性上，已不能添加什么东西了。"

在偏微分方程方面，拉格朗日的主要成就还表现在对一级偏微分方程的处理上。正是由于他的工作，偏微分方程在18世纪有了唯一的系统的理论。1772年，拉格朗日首次提出非线性一阶方程的一般理论，这个理论给出了将一阶非线性方程化为线性方程的方法。1774年，他又发表了题为《微分方程的特定积分》的论文。拉格朗日在论文中详细讨论了一阶偏微分方程的完全解、通解和奇解之间的关系。这项工作使他的同时代人惊叹不已。拉普拉斯称它"是一篇论题重要、方法漂亮、手法精明的分析学者的杰作"。1779年，拉格朗日完整地给出了解一阶线性微分方程的方法，

他将 $P\dfrac{\partial z}{\partial x}+Q\dfrac{\partial z}{\partial y}=R$（其中 P、Q 为 x、y、z 的函数）与齐次方程

$P\dfrac{\partial f}{\partial x}+Q\dfrac{\partial f}{\partial y}+R\dfrac{\partial f}{\partial z}=0$ 等价，通过对齐次方程的求解来获得非齐次方程的结果。

四、天体力学大师

拉格朗日无疑是一位出色的数学家，但正如美国数学史家莫里斯·克莱因所说的："尽管拉格朗日的工作涉及许多数学分支——数论、代数方程论、微积分、微分方程和变分法——与许多物理分支，但是他的主要兴趣是把引力定律应用于行星运动。"说得明确些，拉格朗日的许多数学成就是在他对天文学的研究中产生的，这不仅包括微积分、微分方程，甚至包括变分法和代数。拉格朗日的天文学家印象应该比数学家的印象来得更具体，难怪人们称他为天体力学大师。

很难确切地说出拉格朗日对天文学的兴趣是从什么时候开始的。不过，他后来在这个领域中所做的具体研究，似乎都与巴黎科学院提出的有奖竞赛有关。

1762 年，巴黎科学院提出一个关于月球天平动的问题，悬赏征答，要求用万有引力解释月球何以自转，并永远以同一面对着地球，且产生岁差和章动。当时，拉格朗日这位 26 岁的青年数学家的分析技巧已经在变分法以及声学的研究中崭露头角，巴黎科学院的大奖赛对他自然是一个很大的激励，他第一次应征了。获奖者的名

单定于 1764 年揭晓。在揭晓的前一年，拉格朗日就把论文写好了，题目是《研究由皇家科学院提出的有年度奖金的天平动问题》。这篇论文对平移和旋转的平均运动的等价性提供了令人满意的解释，但是在说明月球赤道的所有交点的运动是相同的和黄道上月球轨道的所有交点的运动是相同的这两方面收效甚微。即使这样，拉格朗日这篇关于月球天平动的论文在当时已经居于领先地位。在并不拘泥于严密性的巴黎科学院中，他的论文论述得相当好。

拉格朗日在天体力学中的活动，使他有机会跻身于科学界的名流之中。当时，天文学是科学的宠儿，数学则是它的婢女。事实上，几乎所有的 18 世纪著名数学家都不同程度地献身于天文事业，特别是天体力学。1763 年年初，拉格朗日应他的法国同行的邀请，去巴黎做了一次旅行，他原打算在巴黎待一个时期，在天体力学方面做一些更深入的探讨，但由于身体不好，这个打算未能实现。1765 年春，拉格朗日经日内瓦返回都灵，在瑞士逗留期间他特意赶到巴塞尔看望了丹尼尔·伯努利。当时丹尼尔已因在数学和流体动力学方面的出色成就而名扬全欧。拉格朗日还专程去费尔奈庄园拜访了当时法国名流，哲学家兼文学家、史学家伏尔泰。当时伏尔泰定居在这个法国和瑞士边境的村庄。71 岁高龄的伏尔泰热情地接待了年轻的拉格朗日，给拉格朗日留下很深刻的印象。

拉格朗日成功地赢得了巴黎科学院 1764 年度的奖金。这一成功不仅鼓舞了拉格朗日自己，而且也鼓舞了巴黎科学院。巴黎科学院决定把一个更难解决的木星四卫星理论问题提出来作为 1766 年的大奖赛题。这实际上是一个六体问题，很难获得精确结果，达朗贝尔和克莱罗曾因此公开反对出这个问题。但是，1765年8月拉格朗日还是给巴黎科学院寄去了论文《研究木星的一些卫星的不等式》。他通过对微分方程的一系列计算，获得了问题的近似结果。1766年，拉格朗日因此而再次获奖。

正当拉格朗日撰写第二篇应征论文时，达朗贝尔却在为拉格朗日谋求一个良好的研究条件而忙碌着。1765年秋，达朗贝尔通过他与普鲁士国王腓特烈大帝的关系，建议给拉格朗日在柏林科学院谋求一个职位。但当他征求拉格朗日本人的意见时，却意外地遭到了拒绝。拉格朗日回信说："柏林对我来说似乎一点也不适合，因为那里有欧拉先生。"其实，欧拉是很器重拉格朗日的，当他于1766年离开柏林第二次去彼得堡时，还特意指定拉格朗日继任他的柏林科学院物理数学研究所所长的职位。

1766年3月4日，达朗贝尔再次写信给拉格朗日，说欧拉即将离开柏林，正式告诉他欧拉走后空缺的职位将由拉格朗日接替。拉格朗日回信表示犹豫，说如果都灵政府愿意提高他的物质待遇和科学地位的话，他还是愿意留在都灵。这比前一封信有了让步。但是都灵政府显然是没有指望了。4月26日，达朗贝尔向拉格朗日转达了腓特烈大帝颇为自负的表示："欧洲最大的皇帝希望欧洲最大的数学家在他的宫廷中。"因此，在欧拉于5月3日离开柏林不久，拉格朗日7月初便动身去了柏林。途经巴黎时，拉格朗日去看了达朗贝尔。在巴黎待了两个星期，他于9月20日应邀到达英国伦敦，然后取道汉堡于10月27日到达柏林。11月6日他正式被任命为柏林科学院物理数学研究所所长。在柏林，他很快就和兰伯特、约翰第三·伯努利结成知己，但他与卡斯提伦一直很难相处，只要这个年轻人从他身边经过，他就愠怒地走出科学院。

拉格朗日在柏林科学院的任务是每月出一篇论文，同时主持科学院的数学学术活动。教学任务基本停止了，不像在都灵皇家炮兵学校和后来在法国综合技术学校任教授那样，每周有一半时间忙于上课。不过，他的收入是极好的，拉格朗日为此感到满足。在柏林的二十多年间，他没有为进一步增加收入而提出过任何要求。

巴黎科学院已习惯于把拉格朗日列入每两年一次的大奖赛的人选，达朗贝尔也总是要求他参加。1768年的竞赛题目仍然是关于月球理论的，但拉格朗日对这次竞争表现得很冷淡，他给达朗贝尔写信说："国王会喜欢我为你们的奖金而竞争，因为他认为欧拉也正在从事这方面的研究，但在我看来，这似乎更是一个我不去进行这一研究的理由。"拉格朗日这里说的是否真实很难断定，因为他后来对不参加这次竞争所做的辩解是身体虚弱，而且后来几次在欧拉参加的竞争中，拉格朗日也都参加了。

1772年，拉格朗日以论文《三体问题》参加了巴黎科学院的第三次论文竞选。这是一篇绝妙的文章。论文中拉格朗日创造了用微分方程解三体问题的降阶方法。我们知道，设三个天体的质量为m_1、m_2、m_3，它们的位置共有九个坐标，运动方程为九个二阶微分方程，共十八阶。很早以前，就得到了三体问题的十个首次积分，即三个动量积分、三个质心运动积分、三个动量矩积分（又称三个面积积分）和一个能量积分。由于三体问题中三个质点组成一个保守的力学系统，不受任何外力的作用，所以这些积分就是力学中动量守恒定理、质量中心运动定理、动量矩守恒定理和能量（机械能）守恒定律的体现。这十个首次积分都是变量（坐标及速度）和时间的代数函数，故称代数积分，又称经典积分。拉格朗日在这篇文章中提出了利用十个经典积分以及消去自变量和交点经度的方法，把三体问题的十八阶微分方程组降低到了六阶，从而为三体问题的解决创造了有利的条件。在《三体问题》中，拉格朗日还开创了求解限制性三体问题的新途径。天体力学中的所谓拉格朗日特解就是他首先从圆型限制性三体问题得到的。由于拉格朗日在三体问题上的杰出贡献，巴黎科学院特发5000镑的双倍奖金同时奖励他和欧拉。

巴黎科学院两年一度的天文学论文竞选如期进行，拉格朗日也以他出色的研究成果一次次得奖。1774年，他因以《论月球的长期时差》回答了科学院提出的"解释月球的长期加速度时差"问题而获奖。1780年，他又以论文《通过行星活动的观察研究彗星的摄动理论》获双倍奖金4000镑。但在1776年和1778年，拉格朗日没有获奖。一次是他没有报名，另一次是报了名而未交论文。这是拉格朗日决心摆脱竞赛牵制，自己独立选题研究天体力学的必然结果。

1775年5月，拉格朗日给达朗贝尔写信说："我决定退出竞赛，因为我正准备完全给出从行星的相互作用得出行星原理的变差理论……"拉格朗日说到做到。就在这两年里，他先后写出了《在时间岁差上研究天体轨道和黄道交点运动以及行星轨道的倾角》《论行星轨道交点的运动》《论黄赤交角的缩小》三篇很有分量的论文。1780年，拉格朗日参加了最后一次竞赛后，他更以独特而高效的研究方式开创了近代天体力学的研究。1782年，他开始了对远日点的长期加速度变差理论和所有行星离心率理论的研究。体现这项研究成果的是他撰写的三篇论文：《二均差的组成部分的长期的均差理论》《行星运动轮毂的变化》和《行星运动的周期二均差理论》。如果说巴黎科学院的大奖赛使拉格朗日步入了优秀天体力学家行列的话，那么他后来独立的一系列研究成果更使他成为大行星运动理论的主要开拓者，成为18世纪天体力学家的三杰——欧拉、拉格朗日、拉普拉斯——之一。

五、巨著《分析力学》

在天体力学中拉格朗日以其多产的、高质的论文而著称，这既体现在他一生的成百篇论文中，更体现在他的巨著《分析力学》之中。

拉格朗日从19岁就开始了分析力学的研究，这位年轻的科学家当时就立志希望在这个领域能有所建树。他曾经诙谐地说道："牛顿最侥幸了，因为他发现了宇宙的数学规律，而这宇宙又仅有一个。"言下之意，牛顿是捷足先登，而他只有以更大的功力才能取得相当的成就。

1755年，拉格朗日在变分法研究上取得进展后，便把这种分析形式的变分法应用到力学研究上去了。1756年他给欧拉写信，告诉欧拉他应用变分法研究力学所取得的成果。欧拉接到信后，当即给拉格朗日回了信，不仅热情地鼓舞这位年仅20岁的年轻人，而且很认真地对拉格朗日所研究的问题做了具体且深入的讨论。欧拉还把自己得出的由最小作用原理推得的一个精确的动力学定理告诉了拉格朗日。这个定理对拉格朗日的研究十分有用，后来拉格朗日把这个"漂亮的定理"从单个质点移动拓广成平移动的情况，并由此建立起分析力学的理论基础。

　　当然，欧拉只是对拉格朗日引了路，主要的事情还是靠他自己去做。拉格朗日做得相当出色。他从欧拉那里接过最小作用原理，第一个用具体形式把这个原理表示了出来；他又利用最小作用原理和变分法导出了著名的运动方程；进一步，他又引进了现在所谓的"广义坐标"和"广义动量"的概念，运用变分法和最小作用原理导出了"广义的"动力学方程。广义坐标具有广泛的解释能力，整个这一套理论和方法能够描写远比牛顿经典力学广泛得多的物理系统，成为现代理论物理学一个强有力的工具。

　　自1755年至1766年拉格朗日在都灵的十余年研究活动中，由于有教学任务的牵制，他未能以很多的时间来从事系统的写作，但是对分析力学的专题研究始终没有中断过。这些专题研究的成果后来都成为《分析力学》的基本素材，不少内容被全盘移入著作中。其中有1762年前他对弦振动问题的研究。在这个专题上拉格朗日撰写了两篇论文，即《关于声音的本质和传播的研究》和《关于声音的本质和传播的研究近况》。1762年写的题为《用前面的方法（变分法）解决不同的力学问题》的论文，以独特的风格和博大的观点被全部收进《分析力学》中。此外，《分析力学》还收有他1765年9月写的关于利用线性变换的特征值概念研究木星和土星运行轨道的文章，以及在他去柏林以前关于天体力学方面的研究论文。

在柏林的二十年是拉格朗日公务最清闲的年月，自然也是他可以集中精力搞研究的时候。来到柏林不久，拉格朗日就为撰写《分析力学》做具体准备，他把《分析力学》看作多年专题的综合成果，是他自己观点的集中体现，因此很下功夫。在该书中他从最小作用量原理出发，提供并组织了力学的基本定律，证明了它们之间的相互联系或彼此独立，进而指出了各定律应用的方式和范围。整本书分成静力学和动力学两大部分，每一部分又再分别对固体和流体做出处理。这样全书就自然地分成了四部分。《分析力学》严格以分析方法（数学分析）作为处理问题的唯一手段，考虑到读者的可接受性，书的编排采取循序渐进的方式并且设置多种直观图表。更可推崇的是，拉格朗日在对每一部分做深入叙述的时候，都先谈一下所述内容的历史。他认为历史提供了现实成果的雏形，不了解雏形及其发展，是很难深刻理解现实的。与牛顿的《自然哲学的数学原理》相比较，《分析力学》不仅在力学的数学分析化方面有了较大的发展，而且体系优美和谐，叙述朴实无华，以至哈密顿称它是一部"科学诗篇"。

1782年9月15日，拉格朗日首先写信给达朗贝尔，透露他"几乎已完成了一部分析力学论著"，同时隐约地表示出对出版问题的忧虑。事实正如拉格朗日所预料的，这本力学经典的出版遭到了许多麻烦，从1783年到1787年，拉格朗日和达朗贝尔忙碌了整整四年，还是难以找到一个出版人。

1787年，拉格朗日终于在巴黎找到了出版人，同年他也离开柏林定居巴黎。勒让德为筹备出版工作帮了很大的忙。他担负起收集定理证明的重担，勒让德先前的教师马里受委托担任编制参考文献的任务，同时还答应尽可能地买进所有出售的副本。

1788年，《分析力学》终于出版了。拉格朗日的朋友都为之高兴，并向他表示祝贺，但拉格朗日却想到了再版。他感到书的有些内容显得有些陈旧，必须加进一些先进的东西才能保持其新意。到巴黎后，拉格朗日在《法国研究院论文集》中发表了一些论文。这些论文对分析力学的发展做出了开创性的贡献，其中有《在力学中任意常数的变分的一般理论》(1809)、《再论在一般公式简洁应用中力学问题的任意常数的变分的一般理论》(1810)等，这些内容在再版书上都得到了补充。

1811年，再版的《分析力学》第一卷问世。但当拉格朗日致力于第二卷的再版时，他不幸去世。因此这一卷直到1816年才出版。1853年《分析力学》第三版问世。

六、在法国大革命的日子里

拉格朗日的事业是丰富多彩的，然而他的生活却并非如此，在18世纪欧洲变幻莫测的时代里，他的生活显得平静而单调。

拉格朗日19岁当教授，此后在都灵的十一年里他独身一人，除了教书就是进行科学研究撰写论文，很少外出活动，甚至未曾离开过都灵。1767年9月，即来柏林整一年，他与他的姨表妹维多利亚结婚。维多利亚是一个温顺的女子，早先曾在都灵的拉格朗日家生活过很长一段时间，两人虽称不上青梅竹马，但也情投意合。对维多利亚作为妻子，拉格朗日是满意的。他曾写信给达朗贝尔，说他的妻子是一个"当之无愧的家庭主妇"。但是，维多利亚未曾生育，尽管拉格朗日宣称他不想要孩子，但对此总不无遗憾。不久，维多利亚生病了，而且一病近十年。这十年正是拉格朗日科学研究和著作的旺盛时期，他一方面奋发地研究工作，一方面又关切地惦记着妻子。

1781年，都灵宫廷表示出希望拉格朗日回去的意向，他们请拉格朗日的老朋友卡拉巧利试探，后来又由西契利总督出面，条件是让拉格朗日担任刚建立不久的都灵科学院哲学部主任。对这项建议，拉格朗日深感为难。都灵是他的出生地，那里有他曾经从事过的事业，都灵科学院正是他衷心希望建立的。柏林的环境毕竟远比都灵优越，这里有腓特烈大帝的支持，而意大利不仅科学研究难以得到重视，它的整个国土也在外国人的控制下。妻子的病也使他不得不考虑暂居柏林。不过，当1783年都灵科学院正式成立时，拉格朗日还是担任了该院的名誉主席。

然而，意外的事情发生了。1783年8月，拉格朗日的妻子去世。妻子的死使拉格朗日悲痛欲绝，他感到孤独，似乎总有一种难于自控的感觉。本月腓特烈大帝的去世使他在柏林又失去了一个最有力的支持者。感情和事业上的两大支持者相继丧失，使拉格朗日失去了在柏林生活的信心和勇气，他想离开柏林，而且越快越好。

1786年冬，一个个外交使团和信件来到柏林宫廷，都建议拉格朗日去他们那里，都愿意为拉格朗日提供优厚的待遇。在众多的建议者中拉格朗日选中了巴黎科学院。1787年5月18日，拉格朗日动身离开他生活了二十年的柏林，7月29日正式在巴黎科学院挂名。

在这之前他曾是巴黎科学院的国外通讯院士。而柏林科学院仍然每年为他支付相当丰厚的俸禄,直到他 1813 年去世。拉格朗日的到来,给巴黎科学院增添了光彩,人们尊敬拉格朗日的名望,更钦佩他渊博的知识。他的知识除数学、天文学和力学外,还有哲学、历史、宗教、语言和医学。

1789 年,随着巴士底监狱的一声呐喊,法国资产阶级革命开始了。尽管拉格朗日以局外人的身份来对待这场革命,但是生活在法国这一革命航船中的拉格朗日,不能不因革命与反革命的争夺造成的航船震荡而有所思考和表现。拉格朗日的处世哲学是慎重。他离开都灵到柏林之前就给自己确定了一条准则:严格地遵守所在国的法令,不管这种法令是否正确。他认为这是每一个精明的人的重要生活准则。显然,这是一条明哲保身的处世原则。在这一原则指导下,拉格朗日度过了革命时期的种种突然变化。尽管他不时地以很大的兴趣关注着这场革命,有时还给予同情,但是这种热情始终不如他在巴黎的一些同事。

1791 年,拉格朗日第二次结婚,新娘是巴黎科学院的同事、天文学家莫尼尔的女儿,名叫列尼·佛朗哥斯·阿德拉黛。婚礼曾由于路易十六化装外逃,婚约得不到签署而耽搁。后来改由亲王签字。这次结婚和第一次一样是幸福的,但拉格朗日仍没有孩子。

1789 年 5 月,法国国民议会宣布成立。废旧制建新制的任务被一一提出。新的度量衡制度也被提出来了,科学院接受了制定系统而又永久有效的度量衡制度的任务。拉格朗日被吸收进度量衡改革委员会,并担任了该委员会的主席。在 1793 年 6 月至 1794 年 7 月的雅各宾派革命民主专政时期,委员会中的一些人,如拉瓦锡、博德、拉普拉斯、库仑、伯利逊以及达朗贝尔曾被开除出委员会,但拉格朗日仍在其位,尽管当时他还是一个来自柏林这一敌对国的人。有意思的是,法国国民议会设想完成的建立各项新制度的工作,都由于受到种种阻力半途而废,唯独拉格朗日领导的那个度量衡改革得到了有效实施。以"米突"为单位的十进米突制就是这时制定的。这种制度不仅用于长度计算,而且用于面积、容量、重量和货币计算。由于它依据十进位,所以计算起来十分方便。后来除了英语国家,世界各国都采取了这种制度。

1794年夏的热月政变把以罗伯斯庇尔为首的雅各宾民主派送上了断头台。1795年,热月党人组成反动的督政府,同年6月25日他们以民族议会的名义成立了大地测量委员会,拉格朗日再次被提名参加。这一工作使他有机会重新开始了对天文学的研究,此间他和舒尔茨、鲍特等人一起编制了《星历表》。

1795年10月,立法团公布了筹建巴黎师范学校(巴黎师范大学的前身)的法令,目的是培训师资使教育标准化。这项法令促使拉格朗日再一次走上教育阵地。在前一年春,拉格朗日还参加了由蒙日倡议建立的中央公共工程学校的筹备工作,这所学校后来改为综合技术学校。无论是师范学校还是综合技术学校,都是近代法国科学的温床,它们为法国培养了一批世界一流的科学家。

1799年11月9日,著名的雾月十八政变爆发,拿破仑上台,一夜间执政府就取代了督政府。拿破仑以其铁的手腕使法国统一在他的思想和旗帜之下。出于需要,拿破仑对自然科学十分推崇。政变不久，他便把一批自然科学家吸收进了保守的参议院里，其中包括拉格朗日、蒙日、伯瑟莱、卡诺、拉普拉斯等人。拿破仑经常给自然科学家一些恩惠，特别是对跟随他远征埃及的人更为重视。像蒙日、卡诺等人都先后受拿破仑的封爵，还担任海军部长、殖民部长、内政部长等职。拉格朗日也受到过拿破仑的好处，拿破仑不仅使他成为第一帝国的参议员，而且成为帝国荣誉勋章的获得者。但是，拉格朗日没有在这个激荡的时代里为拿破仑政权做更多的事情，因为1810年以后拉格朗日的身体每况愈下。

1813年4月11日早晨，拉格朗日与世长辞。法兰西民族失去了一位使之骄傲的伟人，人们争相悼念他。在法国，参议院和科学院都举行了追悼会，拉普拉斯以参议院的名义，拉塞佩以科学院的名义分别致了悼词。拿破仑还亲自下令"收集拉格朗日的论文"。在意大利，各大学也都举行了追悼会或报告会。可惜柏林没有什么表示，因为普鲁士已加入了刚成立的反法联盟。4月14日，拉格朗日的遗体被送往巴黎万神殿安葬。

（作者：袁小明）

伽罗瓦

青年数学家、战士和人

埃瓦里斯特·伽罗瓦
(Evariste Galois, 1811—1832)

伽罗瓦带着致命的枪伤，静静地躺在病床上。弟弟坐在一旁恸哭着。突然，伽罗瓦吃力地睁开眼睛，这双昔日充满自负和愤怒的激情的眼睛，闪着柔和的濒死的光。他低沉地说："不要哭，我在二十岁的年纪死去，需要我的全部勇气。"在拒绝神父为他祈祷之后，伽罗瓦死去了。

这一天，是 1832 年 5 月 31 日。

在数学发展史上，这是一个令人诅咒的日子。不少人喟叹，伽罗瓦的死使数学的发展推迟了数十年。不管这种富有感情色彩的说法是怎样失之偏颇，人们还是一致公认，年轻的伽罗瓦的研究工作开创了数学史上的一个新时代。而对于这一点，伽罗瓦去世半个多世纪后才逐渐被认识。

一、"他被数学的鬼魅迷住了心窍"

埃瓦里斯特·伽罗瓦生于 1811 年 10 月 25 日。故乡布尔－拉－林是距巴黎十八里远的一座小城镇。伽罗瓦出世的这年秋天，威震世界的拿破仑皇帝在奢华的杜伊勒里宫廷内，正忙于对普鲁士、瑞典的初秋外交，并积极部署侵俄战争。翌年，侵俄战争失利，拿破仑帝国趋于崩溃。1814 年，波旁王朝复辟。就在拿破仑从厄尔巴岛卷土重来发动"百日政变"期间，伽罗瓦的父亲——一个有责任心的自由党人——当选为本市市长。这是一个以 1789 年为开端的伟大革命时代转入保守沉闷的波旁王朝复辟的历史时期。伽罗瓦的童年就是在这样的年代度过的。母亲是当地法官的女儿，聪明而有教养，是伽罗瓦的启蒙老师。除了教授各种基本知识，作为古代文化的热烈爱好者，她还把古希腊文学中的英雄主义、浪漫主义灌输到儿子稚嫩而敏感的心中。

12 岁那年，伽罗瓦离别双亲，考入著名的路易－勒－格兰皇家中学。伽罗瓦在这里感到孤独、压抑。因为他的同学大多是出身资产阶级上层圈子的纨绔子弟，一心只想着为自己谋个牢靠的前途，缺乏理想和才华。而在老师们的眼里，尽管伽罗瓦具有"杰出的才干"，但这位体格柔弱的少年被认为"为人乖僻、古怪、过分多嘴"。1826 年，校长和老师以伽罗瓦的体质差、判断力还不成熟为理由，一致反对他升入学校最高年级——一年级。重读二年级，使这个 15 岁的优等生的生活发生了重要而又值得纪念的转折：伽罗瓦毫无阻碍地被批准去上数学课了。

在伽罗瓦短暂的一生中，并没有像高斯、巴斯卡那样在幼年时就显示了惊人的数学才华的记载。他接触数学似乎太晚了。但伽罗瓦一踏入数学领域，立即就表现出一种只有数学大师才具有的那种注重推理方法的简洁和清晰的非凡天赋。伽罗瓦痛恨内容贫乏、编排琐碎的教科书，对老师只注重形式和技巧的讲课方式也深感失望。他在后来的一封信中曾大为感慨地叹道："不幸的年轻人要到什么时候才不整天听讲或死记听到的东西呢？" 15 岁的伽罗瓦毅然抛开教科书，直接向数学大师的专著求教。著名数学家勒让德的经典著作《几何原理》，使他领悟到清晰有力的数学思维内在的美。拉格朗日的《论数值方程解法》和《解析函数论》，则使伽罗瓦的思维日趋严谨。接着，他又一口气读完了欧拉与高斯的著作。一旦学完了这些数学大师的著作，这个勇敢的少年又滋长了一种自信：他能够做到的，决不会比大师们少！伽罗瓦的老师常说"他被数学的鬼魅迷住了心窍"。是的，伽罗瓦陷入如痴如狂的深刻精神追求之中了。

伽罗瓦学数学的道路是与众不同的：抛开课堂苦心自学，学习中表现出惊人的理解力和自信心。这是世俗所指责的少年人的狂妄自大吗？不。如果一个具有非凡天赋的年轻人想要在科学事业上有所作为，但又不具备与传统方式和观念决裂的勇气，不具备对自己创造才能的坚定信念，那无论如何也不可能成为在科学史上提出革命性新概念的先驱者。然而，伽罗瓦从一开始就选定的探索新领域的独特道路和独特思维方式，也注定了他今后要一再遭受挫折和磨难。

1828年，伽罗瓦满怀信心地投考综合技术学校。结果，考试失败了。同年10月，伽罗瓦从初级数学班升到数学专业班。这个班的教师是33岁的里查教授。这是一位热情而有才华的教师。他讲课优雅，思维清晰，想象力生动，尤其是他具有发掘科学英才的敏锐判断力和高度责任感，这一切使里查先生在科学史上占有光荣的一席。在他知名的学生中，除伽罗瓦以外，还有预测海王星存在的著名天文学家维利叶和杰出的数学家厄米特。

里查教授把伽罗瓦看作自己最有天赋的学生。他明确地指出，这个思维敏捷的少年"只宜在数学的尖端领域中工作"。在里查的帮助和鼓励下，伽罗瓦写出了第一篇数学论文并向科学院提交了备忘录。这篇杰出的论文的命运我们下面还要专门讲。需要指出的是，伽罗瓦这时已开始了他那艰难而又伟大的创新的数学研究工作。

1829 年，这是伽罗瓦那短暂的、充满惊人事件的青年时代的开始。7 月 2 日，伽罗瓦所尊敬的父亲由于受不了保守的天主教牧师的恶毒诽谤而自杀身亡。当时，伽罗瓦正在准备升学考试。不久，伽罗瓦第二次投考综合技术学校又遭失败。以产生卓越数学家而闻名于世的综合技术学校，就这样无情地一而再地把一位年轻的数学家拒之门外，这到底是为什么？老师和同学们谁也不怀疑伽罗瓦的学识和天赋，他们认为考试的失败是伽罗瓦那过分刚直不阿的气质所造成的。有的人说，考场上伽罗瓦拒绝回答对数问题，因为它过于简单。还有人绘声绘色地说，被激怒的伽罗瓦居然把黑板擦布往主考官头上扔。愚蠢自负的主考人比内和富尔西放肆的狂笑使伽罗瓦深感耻辱。后来伽罗瓦在圣佩拉吉监狱时，还写到了"主考人的狂笑"。

伽罗瓦忍受着失去父亲的悲痛和落考的耻辱，家庭收入大大减少了，他还有母亲和 14 岁的弟弟，下一步该怎么走？这时，深切关怀着伽罗瓦命运的里查老师，劝告伽罗瓦到师范大学读书。

伽罗瓦两次考试的失败说明了什么呢？难道能简单地怪罪于伽罗瓦的缺乏自制力和主考官的浅薄吗？不，这是一个天才学生对陈腐的考试制度的抗议。伽罗瓦在后来的一封信中一针见血地指出：

"为什么主考人只向学生提问错综复杂的问题呢？可能是他们深怕自己被他们的投考人所识破吧！"伽罗瓦认为这种做法只会导致学生"要求考试过关"，而不得不发展一门"研究老爷们的癖好和他们的情绪"的"新学科"。

伽罗瓦不是神童。神童是受到社会特别注目和特殊培养的骄子。而伽罗瓦遭受的则是挑剔和嘲弄。面对社会对他的压制和命运的挑战，具有狂风暴雨般激情的伽罗瓦总是奋不顾身地挺身应战。从此，伽罗瓦勇敢地走上了他那动荡不定而又光华夺目的短促的生活道路。

二、"这班人落后了一百年！"

1829年10月，伽罗瓦被录取为师范大学的预备生。1830年2月，在签字同意毕业后为国家服务六年之后，伽罗瓦成为正式学生，生活费用总算有了着落。

进入师范大学后，伽罗瓦怀着极大的热情相继写出几篇数学论文，并满怀信心地以此应征法国科学院的数学特奖。在科学史上，很难找到像伽罗瓦这样重要的研究成果被如此轻慢的先例。伽罗瓦入师范大学前，他在里查帮助下寄出的那篇论文，科学院在1829年6月1日举行会议决定由普恩科和哥西负责审查。令人惊讶的是，数学权威哥西竟然毫不经意地把伽罗瓦的手稿遗失了。而伽罗瓦这次寄出的数学手稿被转到大物理学家、数学家傅立叶手中不久，傅立叶便溘然去世了。这时，科学院对一个青年学生的工作采取了掉以轻心的态度，不认为有通知关于他的著作的遭遇的必要。

伽罗瓦被激怒了。他被迫把自己所做的工作再次写成研究简述，寄往科学院。他在所附的简短绪言中，要求审稿者至少要仔细读完他写的东西。1831 年 1 月 17 日科学院举行例会，委托拉克鲁阿和泊松两位数学家审查研究简述。伽罗瓦得知后，立即给科学院院长写了封很不客气的信，尖锐地提醒科学院的权威们，不要"第一因为我叫伽罗瓦，第二因为我是个大学生"而"预先决定我对这个问题无能为力"。他还不无辛酸地刻薄地反问道："我的手稿是否将要再次遗失？"在这种咄咄逼人的压力下，两位数学家于 7 月 11 日宣读了伽罗瓦的研究简述，并否定了这项工作。

虽然，拉克鲁阿和泊松没有像高斯看了年轻的阿贝尔著作后那样，声称"太可怕了，竟然写出了这样的东西来！"但他们事实上并没有读懂伽罗瓦的著作。假如他们也具有里查那样的胸襟和热情，那么，面对这份他们既看不懂也挑不出毛病的文稿，是否会直觉地感到其中包含着杰出的数学思想而使之公布于世呢？确实，伽罗瓦的思想是如此深邃，以至于当时无论哪一位学者都很难估量这一工作的价值。

伽罗瓦的数学研究工作，是围绕着代数方程的根式解展开的。要理解他的数学工作的意义，必须简单地追溯一下数学史。

公元前 2000 年，巴比伦人就能解二次方程了。但一般的三次代数方程，直到 16 世纪才被意大利数学家解决。接着，很快就找到四次代数方程的解法。数学家们再接再厉地向着五次及更高次的代数方程进军。然而，他们遇到了料想不到的困难。拉格朗日说这一难题"好像是向人类智慧的挑战"。正是这位大数学家看出了人们徒劳无益地在繁复的数学运算中挣扎，指明根的排列理论比根号解更有意义。并且，他还机智地预见到也许五次以上的代数方程没有一般的根式解。

1824年，年轻的挪威数学家阿贝尔解决了拉格朗日没有证明的难题。他出色地证明了五次以上的一般代数方程没有根式解。阿贝尔光荣地摘取了数学女皇皇冠上的一颗明珠。

看来伽罗瓦生不逢时，恰恰只晚了一步。实际上，伽罗瓦首先感兴趣的不是具体的数学问题，不是研究高次代数方程所得出的具体结论。他感兴趣的是解决这些问题的一般方法，是能概括这些具体成果并决定数学长期发展的深刻理论。

人们为什么会在运算的浩海中迷失几百年？尽管人们证明了这个问题的不可解，但这本身不是带着盲目性吗？摘取明珠是一场动人心弦的竞赛，是一场智慧、毅力和运气的竞赛。然而更加宝贵的是摘取明珠的方法和途径。

在伽罗瓦以前的数学家，他们总是努力从已知的概念和定理出发努力寻求新的证明，致力于数学技巧的竞争。而伽罗瓦所走的道路却是寻找新问题所需要的新名称、新符号，也就是首先进行概念的突破，然后用新概念来构造新的证明。伽罗瓦用非常独到的思路来研究解方程的步骤，他注意到方程的根的对称性以及根变换之间的关系。他把自己独特的数学概念称为群。

群的概念虽然在伽罗瓦之前就出现了，但只是一具没有生命的躯壳，伽罗瓦使它有了活的灵魂。他的工作不是研究方程本身，而是研究和方程相联系的变换群。这样就可以使方程的特性反映在变换群的特性上。弄清了群的规律性，也就解决了方程的求解问题。

更重要的是，群所处理的是抽象的对象，由群的理论研究获得的一般结果，带有深刻的普遍性。因此以群论为代表的数学理论，是处理问题的一种深刻的现代数学方法，为其他研究工作提供了有力的数学工具。比如，化学家早就知道自然界结晶体的类型是有限的。但是利用群论就从数学上证明了结晶体的类型只有 230 种。群论用统一的方法研究看来是千差万别的事物，如方程的根、晶体结构、空间变换、基本粒子的对称等，在错综复杂的现象中探讨共同的结构，从而使研究者准确地抓住事物之间的联系。伟大的数学家希尔伯特把伽罗瓦的理论称为"一个明确的概念结构的建立"。这种理论对于近代数学、力学、物理学的发展，甚至对于 20 世纪的结构主义哲学的产生和发展，都产生了巨大影响。

伽罗瓦的划时代的数学研究被埋没并非偶然。当时，牛顿力学已日臻完美，而数学界诸如拉格朗日、欧拉、高斯这样的泰斗的辉煌成就，使一般人沉醉于对形式和技巧的盲目追求中，把贫乏的思想隐藏在华丽的计算后面。人们普遍认为，数学的目的在于计算，在于精确。伽罗瓦一反潮流，大声疾呼："难道数学的目的仅在于计算、在于精确吗？"并且声称："我在这里进行分析之分析。"当时科学界对技巧和形式的崇拜远远超过对创造和开拓的追求，当然也就不会承认伽罗瓦工作的价值。而创造精神的瘫痪必将导致对青年人的科学新思想的压制。哥西和泊松只能算旧时代的数学家，他们注重研究、修补旧体系。当时数学新时代的曙光已出现在地平线上。像非欧几何学、集合论、群论等科学思想新体系，都是在这个时代孕育的。但只有勇敢地面向未来、坚定地追求未来的科学家，才能看到新时代的曙光。无怪乎伽罗瓦在谈到他同时代的数学家时，痛切地说："这班人落后了一百年！"

伽罗瓦清楚地意识到他的处境。他说："有一种人，命运决定他们来做好事，而永远不坐享其成。我担忧，我是属于这种人。"他是注定要受到不公正的待遇的，因为他的思想超越了同时代的人。他不愿放弃战斗，就势必一再碰壁。这是战斗者的意识。这种意识是痛苦的，然而却是高贵的。它只属于为数不多的开拓者。

三、"妨碍我成为科学家的，恰好是我不光是科学家"

伽罗瓦进入师范大学一年，正当他做出卓越的研究工作之时，法国历史上著名的1830年"七月革命"爆发了。伽罗瓦立即卷入风潮，成为一名勇敢的战士。

师范大学是法国最保守的学校之一。"七月革命"爆发时，师范大学校长吉尼奥是教育部门官员中唯一禁止学生参加示威游行的人。这个人愚蠢、浅薄，作风专横霸道，毫无气节，总是站在胜利者一边。在他的手下，师范大学成为一座毫无生气的教堂。7月28日和29日，攻占杜伊勒里宫战斗打响，全校只有两名学生敢于冒犯校长的权威试图溜出校门参加战斗，其中之一就是伽罗瓦，但两次都未成功。伽罗瓦还参加了资产阶级共和派激进分子组成的"民友社"，是师范大学中唯一参加这个组织的人，他还报名参加了国民自卫军炮兵队。

校长吉尼奥在"七月革命"风潮中摇身一变，由查理十世的热烈拥护者突然变为刚攫取政权的路易·菲利普的忠实信徒。1830年12月,《学校公报》发表长篇文章揭露吉尼奥,并援引了一封署名"师范大学一学生"的信。该信用事实揭露吉尼奥的无耻投机。吉尼奥恼羞成怒,未经调查就认定这封匿名信是伽罗瓦写的。4天后,吉尼奥在尚未得到批准的情况下,滥用校长职权,宣布开除伽罗瓦的学籍。这个老奸巨猾的官僚,一面写信给教育大臣称伽罗瓦是道德败坏的青年,害群之马,一面又挑唆学生告密。有14名文学系学生联名在《学校公报》上发表文章指责伽罗瓦。伽罗瓦对此深感痛心。这种情况下,《学校公报》编辑部并没有挺身出来保护这个无畏而又无辜的青年。伽罗瓦成为这一事件的唯一受害者。1831年1月8日,国民教育委员会批准了开除伽罗瓦的决定。一个19世纪最有才华的青年就这样被无情地剥夺了最后的深造机会。

1月9日,即伽罗瓦被正式开除的第二天,《学校公报》上刊登了伽罗瓦的一则声明,说以后每逢星期四下午他将在凯洛特小书铺讲授高等代数,"讲座将向听众介绍不曾公开讲授过的若干理论,其中某些理论完全是独创的"。科学史上,还不曾有过19岁的科学家以讲授自己独创的学术见解来借以谋生的事例。这件事反映出伽罗瓦对整个社会对他的压制迫害,保持着高傲的蔑视。

1831年4月,"民友社"举行了一次200人规模的庆祝胜利的宴会。坐在前排中央的伽罗瓦,一手举杯一手持刀,说道:"为路易·菲利普干杯!"会场立即骚乱。路易·菲利普属于波旁王朝侧系奥尔良皇室,他借助"七月革命"当了国王,但登极后的所作所为却令共和派和广大人民失望。第二天,伽罗瓦被逮捕。罪名是教唆谋害法兰西国王生命的未遂罪。6月15日,法庭开庭审理此案。当时,没有一个人认识到,坐在被告席上的这个身体柔弱、精神活泼的青年是当代最伟大的数学家。伽罗瓦简短而辛酸地回答庭长的提问,时而迅速地说出几句激动人心的话来。当问及他的身份时,他满不在乎地说:"帮人补习数学。"由于共和党人律师窦本的出色辩护,伽罗瓦被宣告无罪释放。

一个月后,伽罗瓦率众走上街头,游行纪念攻占巴士底狱。伽罗瓦再次被捕,并判处九个月监禁,关押在圣佩拉吉监狱。在革命重新高涨的年代,伽罗瓦绝不是个旁观者。巴黎市民经常看到这位神情忧郁、面色苍白的青年出现在大无畏者的行列中。某些科学史家常为伽罗瓦的这段历史痛心,为他没有埋头书斋而遗憾。在他们看来,如果伽罗瓦不把自己的宝贵精力浪费在政治活动中,那么他的成就就会大得多,人类受益也会大得多……

可惜,历史不是按照这些评论家的意志写的。伽罗瓦生活在经历了资产阶级大革命后的法兰西,生长在压制革命、摧残人才的波旁王朝复辟时期。历史已经深刻地改变了法国的社会结构和人们的精神面貌,伽罗瓦又怎么可能例外呢?伽罗瓦不是那种因为害怕社会斗争的急风暴雨而躲进科学的象牙之塔中的人,也不是那种对祖国和人民的未来漠不关心、一心想在科学中寻求个人出路的人。他是个勇敢追求真理的科学家和战士。

一位科学家最可贵的禀性就是对真理的追求。因为对真理的忠诚,使一个科学家烈火焚身也无所畏惧。这种追求,可以驱使杰出的原子物理学家为捍卫民族的独立和人类的尊严拿起枪杆进行巷战。无论是生活的艰难还是舆论的嘲笑压迫，都不能使一个追求真理的科学家丧失斗志。科学家取得的灿烂的科学成果，不过是这种可贵禀性放射出的光辉。

在伽罗瓦身上，这种追求表现得更加真诚，更加狂热和不顾一切。他把科学理想和社会理想结合起来，不论在数学王国还是在现实斗争中，至死保持着对真理的忠诚，始终与旧世界势不两立，始终面向未来。如果硬要把数学家伽罗瓦和战士伽罗瓦分裂开来，那么我们只能得到一个残缺和畸形的伽罗瓦。伽罗瓦本人从不为自己的活动后悔。在给挚友舍瓦烈的信里，他说："妨碍我成为科学家的，恰好是我不光是个科学家。我内心激愤得违反理智，但我不像你那样补充说：ّ非常遗憾。'"伽罗瓦临死前曾对自己的一生做了这样的总结：

"永别了，我已经为公共的幸福献出了自己大部分的生命！"

四、"我们是小孩，但我们精力充沛，勇往直前"

伽罗瓦20岁生日是在圣佩拉吉监狱中度过的。他在狱中写了两部科学著作，准备获释后发表。

他在笔记中深刻地指出："科学不过是人类智慧的这样一种产物，它注定了去研究和探索真理，而不是发现和认识真理。"他对未来数学的面貌也独具慧眼，说："让计算听命于自己的意志，把数学运算归类，学会按照难易程度，而不是按照它们的外部特征加以分类——这就是我所理解的未来数学家的任务，也是我要走的道路。"他还老实地承认"经常碰到一些我无法克服的困难"，尽管他知道那些自以为是的人因此而不放过嘲笑他的机会。伽罗瓦还写了些含义晦涩的片言只语，但也切中时弊。他写道："等级制度甚至对地位卑下者来说也是一种工具。"又写道："教授们受科学院的打击。科学院受过去的打击。过去受另一个过去的打击。""由于一个人需要战胜另一个人，一个时代需要战胜另一个时代，所以产生了科学上和文学上一些持续不断的反动……"这些已显示出伽罗瓦有可能成为一个思想家。伽罗瓦饱尝压制打击之苦，却热情地向往着科学家之间的真诚合作，他说："科学家生来并不比所有其余的人要过孤独的生活；他们也是属于特定时代的人，而且迟早要协同合作。到了那时候，将有多少时间腾出来用于科学！"

伽罗瓦在狱中郁郁寡欢。著名政治家、化学家腊斯拜是他的难友。一天，有人与伽罗瓦打赌一次喝完一杯酒。伽罗瓦接受了挑战，后果当然很可怕。腊斯拜为此写道："宽容这位柔弱而大无畏的少年吧！……为了科学和德行，请爱护他的性命吧！再过三年，他必将成为真正的科学家。"腊斯拜预言的三年期限，对伽罗瓦那短促的青春来说还是太长了。1932年3月16日，伽罗瓦因病从圣佩拉吉监狱转到一所受警察监护的医院。医院负责人福耳特里埃兼为警察局做情报工作。4月29日，伽罗瓦获释。但他仍在医院逗留了一些时候。伽罗瓦打算在6月初离开巴黎。他给舍瓦烈的信中说："要在一个月之内尽情享受一个被释放的人的甜蜜的快乐……"可是，就在福耳特里埃家中，伽罗瓦遇见了一个女人，造成5月30日决斗。这个女人是什么人，人们至今也不清楚。

5月29日，决斗的前一天，伽罗瓦写了三封著名的信。一封是给共和派的同志们，一封给 N. L. 和 V. D.，还有一封是给他忠实的朋友舍瓦烈的。从这些信来看，伽罗瓦参加决斗是违心的。他恳求 N. L. 和 V. D.："你们应当证实，我是违背自己的意愿而参加决斗的。"给共和派全体同志的信中，他激动地写道："我将成为一个下流的卖俏女人的牺牲品而死去。""我请求我的爱国朋友们不要责备我不是为了自己的祖国而献出生命。"他呼叫着："苍天作证，我曾用尽办法试图拒绝这场决斗……"最后，他用他特有的感人至深的热情和真诚说："我将带着不受谎言、不受爱国者的血所沾染的良心到坟墓里去。"

给舍瓦烈的信是三封信中最出色的一封，它显示了伽罗瓦作为一个科学家的无畏的个性。信很长，主要部分是谈他的数学工作。他向朋友报告说，"我在分析方面有了某种新发现"，并坚定地认为"不管泊松说了些什么话，我坚信它是正确的"。他还回顾了自己的研究工作："我一生中不止一次敢于提出我没有把握的命题。"伽罗瓦死后，桌上还发现两张纸条。其中一张上写着："这个论据需要补充。现在没有时间。1832 年。"很明显，在决斗前夕，伽罗瓦仍在校正他的数学著作。

5 月 30 日清晨，冈提勒的葛拉塞尔湖附近，决斗双方在相距仅几公尺远的地方互相射击。伽罗瓦的枪里是没有子弹的。一颗子弹击中他的腹部，顿时血流如注，伽罗瓦倒在春天的绿草中。几个小时后，一个农民发现了他，把他送往科申医院。第二天，5 月 31 日，伽罗瓦就去世了。死时未满 21 岁。

伽罗瓦的死是个悲剧。他内心愤怒的激情的浪涛终于冲破了理智的堤坝,把他吞没了。他血气方刚,才华横溢,生活在保守压抑的复辟时期与革命高涨年代之间短短的间隙之中。他短促的一生中不断面对残酷的压制和挑战,每一次他都大无畏地挺身应战。两次投考综合技术学校落选,父亲自杀,被师范大学开除,数学手稿两次被遗失,两次被捕,九个月的狱中生活,决斗……这一系列惊人的事件都集中在短短的三年之中。无怪乎伽罗瓦要说:"我的内心需要暴力。我要为我经历过的许多苦难复仇雪恨。""我经受过的汹涌的激情将如何使之消灭痕迹呢?"他痛苦而又热烈地叫着:"憎恨,只有憎恨!谁对目前不感到刻骨的憎恨,而对未来不怀着真挚的热爱呢?"伽罗瓦的一生过于刚直,每一次应战他都碰出了火花,被击倒在地。但在这最后一次生命与死亡的决斗中,他再也没能爬起来……

对伽罗瓦死于决斗,科学史家们常常感到遗憾。普里林在考察维苏威火山时,被突然爆发的火山灰掩埋;魏格纳考察格陵兰冰川于50岁生日时丧身……这些死,是为了科学,为了人类的福利。据说,马克思也曾受到过决斗的挑战,但马克思对此报以轻蔑的微笑。是的,无论是科学家还是战士,他们的使命和责任,比个人荣誉和一时的意气冲动更为重要。也许,伽罗瓦太年轻了,他不被社会了解和尊重,自己也不珍惜自己的价值。不论怎么说,伽罗瓦参加决斗是犯了一个不可挽回的错误。

伽罗瓦死后,他的名字长期被人遗忘。伽罗瓦的全部数学著作由他弟弟转给了舍瓦烈。但舍瓦烈找不到愿意出版这部著作的人。只有伽罗瓦的老师——值得尊敬的里查教授,深信它的巨大价值。

里查把手稿交给他的另一个学生——大数学家厄米特保存。一直到1846年，著名学者约瑟夫·李维才在他创办的数学杂志上，第一次发表了这些著作。这是一本薄薄的仅60页的著作。20世纪后，人们才愈来愈感到这本数学小册子的分量。

伽罗瓦临死前曾说过："不要忘了我，因为命运不让我活到祖国知道我的名字的时候。"

执行伽罗瓦遗愿的，正是他那60页的数学文稿。

(作者：乐秀成　刘　宁)

阿贝尔

挪威的民族英雄

尼尔斯·亨利克·阿贝尔
(Niels Henrik Abel, 1802—1829)

挪威是一个伟大的民族，但是她作为一个民族国家也还是比较晚的事。现代的挪威王国从人口上来说很小，从来也不到500万，不但不能同中国相比，就是比她的北欧邻国瑞典和丹麦也略逊一筹。从历史上看，在我们的主人公阿贝尔出生时，挪威是丹麦的属国，不久之后，也就是1814年成为瑞典的属国，一直到差不多百年之后的1905年，挪威才成为一个独立的国家。

当然，这样的小国按GDP计算远远赶不上中国，可是它的人均GDP却世界领先，甚至超过美国及日本。作为北欧的福利国家，幸福指数也名列前茅。尤其难能可贵的是，人口少，经济总量虽小，却对世界文明做出非凡的贡献。挪威用自己纳税人的钱颁发了数学上堪与诺贝尔奖匹敌的阿贝尔奖。它彰显了挪威的民族英雄——阿贝尔，也给自己国家带来了荣耀。

一个民族也好，一个国家也好，最令其人民自豪的当然是它对世界文化和精神文明的贡献。挪威也有许多立足世界文化之林的科学家、艺术家、作家、探险家、哲学家……他们都是近200年涌现出来的，令人想不到的是，打头儿的是数学家阿贝尔。除阿贝尔等世界一流的数学家外，我们还应该提一下其他方面的8位名人：

剧作家易卜生是最有影响力的挪威剧作家，特别是对中国。五四运动前后，《新青年》发表了"娜拉专号"，鲁迅也写过《娜拉出走之后》。可他没有获得诺贝尔文学奖。挪威作家有三位获得这项殊荣,他们是比昂松、汉姆生及女作家翁赛特。

格里格是挪威乃至北欧最伟大的作曲家,民族乐派代表人物,名列世界近代最伟大的 50 位作曲家之一。

蒙克是最有国际影响力的挪威画家,是表现主义的先驱。

从北欧海盗时期起,挪威人就以探险著称。提起近代挪威伟大的探险家不能不举出下面两位:一位是南森,他在 1896 年到达离北极点最接近的地方。他还是位海洋科学家、社会活动家。1921 年到 1923 年,他因积极组织对苏俄饥荒的国际救援而得到苏联人的感激,并因此获得诺贝尔和平奖。另一位是阿蒙森,他原想去北极,当他听说美国人已到北极点,就改往南极,并在 100 年前即 1911 年 12 月 14 日,首次抵达南极极点。在此之前,他还是通过船只首次完成从大西洋到太平洋的西北航道航行的人。

在社会科学领域,特别是经济科学领域,挪威人有突出贡献。1969 年开始颁发诺贝尔经济学奖,头一位获奖者就是挪威人弗里施。他是经济计量学的开拓者,1930 年他创建《经济计量学杂志》。这是经济学中最科学的部分,现在我们很难想象没有数字、没有统计、没有数学的经济学。挪威还有另一位获诺贝尔经济学奖的经济学家哈韦尔莫。

比起前面的领域,挪威在自然科学方面略逊一筹,即便如此,还是能选出两位杰出人物:一位是气象学家比耶克耐斯,他是动力气象学的开拓者,而这直接与气象预报有关。他的重要性可从下面事实看出,奥斯陆大学三座楼之一以他命名(另两座则以阿贝尔和李命名)。另一位是唯一在挪威本土工作的化学家哈塞尔,以研究三维构象获诺贝尔奖。

挪威在数学方面最杰出的科学家,至少有8位国际知名的数学家。阿贝尔以后,依次为:

西洛,他在群论方面留下了不朽业绩,首先是群论最基本定理——西洛定理。他和李编辑了阿贝尔的全集和通信集。

李,他创立的李群及李代数理论是当代数学的核心之一。

布隆,开创的布隆筛法对中国数论有重大影响,证明双生素数的重要定理。

斯科朗,数理逻辑学家,特别对公理集合论和模型论有突出贡献。

图埃,对丢番图逼近有重大贡献。

奥尔,组合与图论专家,写过阿贝尔的传记。

塞尔伯格,20世纪最伟大的挪威数学家,因素数定理初等证明获菲尔兹奖。引进塞尔伯格筛法,1956年引入迹公式。荣获沃尔夫奖。

一、动乱年代(1802—1815)

阿贝尔1802年8月5日出生在挪威菲诺,这是一个小岛。也许现代人无法想象那个时代的生活,没有电,没有汽车,没有火车,没有电话,当然更谈不上电脑和手机了。一切都处于原始状态,也许文明的唯一标志就是书了。只有书才能让一个孩子走进知识的大门。不过,外界的环境仍然时刻影响着好学的孩子,那就是政治。

19 世纪初是一个什么样的时代呢？拿破仑时代。拿破仑想统一欧洲，几乎所有国家都反对他。他可不在乎他们的反对，谁反对就打谁。那时候，挪威属于丹麦，而丹麦又是法国的朋友。法国的对手英国则反过来封锁挪威。挪威粮食不够就出现大饥荒。1807 年至 1814 年被称为挪威的饥荒岁月，这时阿贝尔应该上小学，正是长身体的时候。不过那时，阿贝尔却无学可上，因为偏僻的地方根本就没有小学。

幸运的是，阿贝尔的家庭属于知识阶层，阿贝尔的父亲索伦是一位牧师，他祖父也是。乡村牧师绝不是肥缺，可确是当时的白领。索伦曾在他那时的丹麦和挪威唯一的一所大学哥本哈根大学学习，这可以说是当时所受到的最好的高等教育。这样，他的父亲就承担起阿贝尔和他兄弟们教育的重任。阿贝尔的时代没有所谓节制生育的说法，一般家庭都很大，甚至有十几、二十多个子女。阿贝尔兄弟六人，还有一个妹妹，阿贝尔排行老二。只要父亲牧师工作稳定，生活倒还是可以维持。

这种情况一直持续到 1814 年拿破仑倒台。作为一个国家，挪威从丹麦的一部分变成瑞典的联盟，不过还是低人一等。这期间，未来的民族英雄阿贝尔的父亲正从事民族解放运动。他参与建立克里斯蒂安尼亚（今奥斯陆）大学，它在 1813 年正式招生。他还建立了国家银行。阿贝尔的父亲成为非常议会的一员，准备对新宪法进行必要的修改。

二、自学成才（1815—1821）

1815年，阿贝尔和他的哥哥汉斯被送往首都的教会学校。这所教会学校是一个老学校，当地官员都把自己的子女送到这里学习。可是，天才的阿贝尔似乎不太适应这里的生活，开始两年，学习成绩还算马马虎虎，接着分数就逐步下滑。他的哥哥的情况则更差，患上了神经衰弱，最后不得不回家。

一件偶然的事情改变了阿贝尔的一生，那时，老师对学生非打即骂，也许这些笨学生的确让老师火冒三丈。有一次数学老师对一位倒霉的学生实施体罚，这位学生回家之后不久就死了。家长和学校也许对体罚不能说三道四，可是出了人命，麻烦就大了。不管学生的死是否为体罚的结果，学校最后还是不得不把这位数学老师解职。

要知道，那个年代可不像现在这样人满为患，全世界也不到10亿人，挪威还不到100万人，数学教师可是稀缺人才。前两年，挪威刚刚建立了第一所大学，即现在的奥斯陆大学。1813年9月正式开学时，只有5位教授、1位讲师和17位学生。此外还有一些不在编的助教。当时大学的顶尖教授韩斯廷有位助教霍尔姆博，于是就临时让他接替那位被解职的老师，成为阿贝尔班上的数学老师，当时这位老师只有22岁。

没过多久，这位新老师就发现分数不高的阿贝尔有超人的数学天赋，于是就在课程范围之外给阿贝尔布置更难的习题，还向他推荐更深奥的书让他自学。200多年前那个时候可没有现在这么多教材、教辅、科普读物，要学数学，只有去读十几位数学大师的原著。对于中学生来说，读这些书就跟读天书一样。其实，这些书霍尔姆博也没有好好读过，他也不过大学本科刚刚毕业，最多学过17世纪之前的代数、解析几何和微积分，即使到现在，这些对15岁的初中生仍然极难。

霍尔姆博毕竟是一位一心向学的好老师，他知道自己离19世纪初的前沿数学还远着呢，至少还有18世纪整整一个世纪。幸好，18世纪的数学大家不是太多，最主要的是欧拉和法国几位大数学家，像拉格朗日、拉普拉斯、勒让德等。其中欧拉的书如《无穷分析引论》《微分学》《积分学》《代数引论》等条理特别清楚，很适合自学，但是读者得有头脑。霍尔姆博在学术上力求上进，天天啃这些大部头的书，进度也不太快。当他发现阿贝尔的数学天才之后，两个人开始一起自学。由于这些书是用法语或德语写的，阿贝尔也不得不学这两门外语，他后来的论文也大都是用这两种语言特别是法文发表的。

霍尔姆博和阿贝尔相差7岁，可是学起这种前沿数学来，阿贝尔要超过他的老师。现在，对于难于理解的数学文献，阿贝尔可以当霍尔姆博的老师了。这非但没有使霍尔姆博感到没面子，产生打压阿贝尔的想法，恰恰相反，他到处宣扬阿贝尔的天才，处处为他的成才开路。通过霍尔姆博，阿贝尔见到了韩斯廷先生以及大学的唯一的数学教授腊斯木森。这些人不仅在精神上鼓励这位中学生，而且后来在物质方面也给了不少帮助。

平静的学习生活很快被打破。阿贝尔的父亲的议员席位在1816

年没能连任。1818年虽然再被选为议员，但他对其他议员的攻击以及酗酒，使他成为媒体攻击的目标，最终名声扫地。他在1820年去世，微薄的抚恤金立刻使阿贝尔家庭的生活陷入贫困的境地。

但阿贝尔没有被贫困打倒，他仍然继续攻读所有到手的数学书。正如他后来常常在信中提到的，当时所有的数学，不管是重要的还是不重要的，他都已经掌握，现在该是搞点研究的时候了。即便在当时，也有许多研究方向，但他很早就对代数方程感兴趣了。一次方程、二次方程早就有了求解公式，可三次方程、四次方程的求解公式到16世纪才得到。很自然，许多数学家都拼命研究五次代数方程的求解公式，300年过去了，没有一人成功。

他在中学的最后一年，就下定决心去攻这个300年来使许多大数学家困惑的五次方程的求解问题。年轻人一般都充满活力，也不太谦虚，初生牛犊不怕虎嘛。后来成为大数学家的雅可比及伽罗瓦在年轻时也都试图给出五次方程的求解公式，他们无一例外地从正面进攻而且觉得一度找到了答案。

阿贝尔也是如此。他以为自己"发现"了求解公式。年轻人往往缺少自我批判精神，极端一点的更是自以为是，总觉得别人都是傻瓜。阿贝尔的不同之处在于他懂得什么是数学，能够发现自己的错误所在。不过，当时的挪威数学水平的确不高，阿贝尔把他"发现"的求解公式写成论文之后，挪威没有人能够看懂他的论证过程，当时也没有刊物能发表他的结果。于是大学教授韩斯廷亲自出面把论文寄给丹麦的数学家德根教授，请他在丹麦科学院发表。德根也没能发现论文中的任何漏洞，由于过程繁复，他要求阿贝尔用具体的例子来阐明它的公式。最终还是阿贝尔自己发现了自己的问题。这推动了阿贝尔以后从反方向来考虑问题，也就是"眼前无路想回头"。

阿贝尔没有舍弃代数方程论的方向，但是德根却给他指出了另外一个大方向——椭圆积分。这对他后来的研究有很大的影响。因为挪威在当时相对封闭落后，要是没有国外的高人指点，再大的天才也将被埋没。

从 1815 年到 1821 年阿贝尔上了六年教会学校，大致相当于现在的中学，但学习的课程主要是语言，希腊语、拉丁语、德语、法语、英语，当然还有母语——挪威语。拉丁语是当时的学术语言，而德语和法语对他后来出国大有好处。

三、大学时代（1821—1825）

同现在一样，念完六年中学就是四年大学，他进入了克里斯蒂安尼亚大学。但一文莫名，当时也没有奖学金，幸亏阿贝尔已经小有名气，几位大学教授自己掏腰包支持这个穷孩子上学，特别是韩斯廷教授，他的家也对阿贝尔开放。韩斯廷虽说是一位天文学教授，但他的不朽贡献是在地磁学研究。他在 1815 年建立了挪威第一座天文台，在 1841 年建立了地磁观测台。做观测要跑很多地方，要吃苦受累。1828 年，他到荒无人烟的西伯利亚进行两年的地磁测量，就把大学教授的职位交给阿贝尔代理。遗憾的是，当他回来时，阿贝尔已溘然长逝。他也搞一点理论，不过，他怎么也比不上稍后在德国也开始研究地磁学的高斯，天下无敌的高斯驳倒了他的理论，这时他也许会想起他热情资助的阿贝尔。

虽说是大学，当时没有什么高等数学和物理的教学，因为可能当时根本就没什么人懂，而更高深的数学还要等阿贝尔等人去创造。也许他还得像现在一样搞个形式，拿个文凭，这些对他都不在话下，他一年就拿到哲学副博士的学位，相当于现在的学士学位。余下时间他只需自己干自己的事，读原著，写论文。要知道，200年前还没有像样的期刊登载原创的论文。幸好，韩斯廷教授为了祖国的科学事业办了期刊《自然科学杂志》，20岁的阿贝尔也就有了自己的园地发表自己的著作了。19世纪20年代，世界的数学中心在法国，更确切地说是法国科学院，法国科学院的几位院士，尽管他们有各种各样的缺点，但在学术上绝对一流。得到他们的肯定，对年轻人的成长十分重要。像阿贝尔这样的天才，首要目标是去巴黎。

不过，一切都需要钱。阿贝尔不得不退而求其次，先去丹麦。在北欧，那是一个文化中心，不过在数学方面还落后于德国。这回腊斯木森教授给了他100台拉，足够阿贝尔在哥本哈根待上两个月。有了钱还要认识人，韩斯廷教授的夫人娘家在丹麦，阿贝尔就住在他们家。于是，他在1823年暑假去见德根教授和其他丹麦数学家。到底上了一个台阶，阿贝尔在给霍尔姆博的信中，兴奋地谈到他们对他的启发。

果然，回国以后，他又重新研究起五次方程求解的问题，这一次他采取否定的观点，并取得了成功，最终证明一般五次方程不可能根式求解。他首先证明，可以用根式求解的方程，其根的表达式中根式均可表示成方程的根和某些单位根的有理函数。为了扩大这篇文章的影响，他决定写成法文自费出版。为了节约开支，他不得不大大压缩篇幅，使得这篇法文相当难懂，他把这篇论文寄给许多大数学家，结果毫无反应。他发表的这个新发现——一般五次和五次以上方程未必有根式解，是数学上石破天惊的大事，这是数学中第一个不可解的大问题。从消极的方面来看，他也就是告诉妄图对五次方程给出求根式解公式的人：此路不通。（后来一个有名的不可解问题是：不能只用圆规、直尺三等分任意角）不过总还有一些人"不信邪"，死钻这个牛角尖。甚至阿贝尔去世百年之后，中国就有这样的人，结果为当时年轻的华罗庚所批驳。

阿贝尔在外面见了世面之后，不禁想更上一层楼，到巴黎去。他无法再从教授们那里得到资助，只得向政府申请旅游资金。政府办事免不了拖拖拉拉，最后还是批准让他出国两年，资助他600台拉。要说这个政府挺够意思的，为了穷孩子的高等数学花纳税人的钱。不过还有一个条件，你得把外语，特别是法语学好。这也的确合情合理。只是占用他大三、大四学两年语言，他嫌太长了，尽管还给津贴。虽说拿着津贴，学着外语，他还是一天到晚写他的论文。

四、欧洲之行（1825—1827）

阿贝尔终于等到大学四年过完，他在1825年夏天走出国门。他的恩师千叮咛万嘱咐让他去巴黎，可是他的4位同伴，1位学医、3位学地质都去了柏林。当时柏林大学刚刚建立，数学也不怎么样，在德国只有一位数学家比其他所有数学家都棒，那就是高斯。可是谁都知道高斯架子大，谁也不搭理，阿贝尔也给高斯寄过论文，照例有去无回。阿贝尔计划去哥廷根，最终没能成行。不过，他跟着4位同伴在欧洲转了一年。

阿贝尔违背了他的保护人的意思，经由哥本哈根去了柏林。在丹麦时，他知道德根已经去世，另外一位数学家给他写了推荐信，让他去见克莱尔。与克莱尔的结识是阿贝尔最大的幸运。克莱尔本人是土木工程师，又是普鲁士王国（后来普鲁士统一整个德国）的管基建的部长级人物。他给德国做了城市规划，还修建了德国第一条铁路。他不仅是个好官，而且对数学有着爱好，不遗余力地发展数学事业。为此，他创办了第一份专业的数学期刊——《纯粹与应用数学杂志》，而阿贝尔一篇接一篇的大文章正愁没有地方发表，两人一拍即合。这个现在还在发行的权威数学杂志，1826年第一卷几乎都是阿贝尔的论文，后来几卷也发表不少，共有22篇。克莱尔杂志上的论文，虽然没有什么人看得懂，却使当时的学术界看到了一颗冉冉升起的新星。克莱尔不仅办刊物为阿贝尔提供发表论文的地方，还积极为他争取教授职位，让阿贝尔留下。

尽管阿贝尔在柏林干了不少事，可他没忘掉政府给他钱是让他去巴黎。克莱尔本来想陪他顺路去哥廷根拜见高斯，但公务缠身，无法成行。这下子可给阿贝尔一个放松的机会，20多岁的年轻人谁不想同大家一起游山玩水，欣赏大自然的美景呢？正好，他学地质的朋友要去中南欧进行地质考察，这样他就凑个热闹，陪着他们乘马车旅游。这是他平生第一次也是唯一一次。我们可怜的主人公有了三个月的放松时光，他还给自己找个借口，说什么奥地利也有几位"著名"数学家可以去访问，真是天晓得！1826年3月他们离开柏林到东部的名城莱比锡和德累斯顿，然后又经布拉格去维也纳，然后到意大利北部威尼斯，最后到阿尔卑斯山，由此进入法国。

无论如何，阿贝尔还是得去巴黎，当时数学的中心。这些法国大权威都很难接近，根本不把年轻人当一回事。阿贝尔到了巴黎用了几个月写了一篇大论文，于1826年10月30日呈交法国科学院，题目是《论一类极广泛超越函数的一个一般性质》，其中提出比椭圆函数及超椭圆函数更广泛的阿贝尔函数（实际上是阿贝尔积分，当时椭圆函数等一般指椭圆积分），并证明阿贝尔大定理。科学院让柯西审，照规矩，审稿人应该给出报告，然而很久没见下文，后来还找不到了。阿贝尔去世很久之后才找到并发表出来，柯西说它太难懂，这也许是实话。

阿贝尔终于在1826年7月到达巴黎，他在巴黎的运气可比以前差远了。住宿极差、伙食极差，但房租极高，这些他还勉强承受，因为他的目的是见大人物，可是假期大人物大都去乡下休养去了。不过后来，该见的都见到了，年纪最大的是拉普拉斯和勒让德，前者在第二年就去世了。最年轻的是柯西，他30多岁，正是个人拼搏时代。

法国人对陌生人比德国人对陌生人冷淡得多，当然高斯除外。尽管如此，他们表面上的热情还是达不到亲密的程度。

在巴黎待了半年，1826年圣诞节之后阿贝尔打算回家了。他的钱差不多已经花光了，这时他已经被诊断为肺结核，接着他在柏林又待了三个月,但身无分文,他又找霍尔姆博借了 360 台拉。克莱尔也尽力帮助他,这段时期,他把自己最长的论文《关于椭圆函数的研究》写出,是系统论述椭圆函数的。这篇论文完成了椭圆积分向椭圆函数研究的转变,发表在 1827 年 9 月的克莱尔杂志上。

五、贫病交迫,黯然离世(1827—1829)

1827 年 5 月,阿贝尔结束了欧洲之行回到奥斯陆。这时他陷入贫病交加的境地。他发表的十几篇论文已无可争议地表明,他是当时最伟大的几位数学家之一。但是一穷二白的挪威不可能给他提供什么职位,他只得以给私人补习来糊口。转过年来,又是韩斯廷帮了大忙,他到西伯利亚工作两年,由阿贝尔以副教授名义代理他的职务。当时的欧洲学术界还是很爱才的,法国的 4 位院士联名致电瑞典和挪威联合王国国王,请他关注阿贝尔,替他谋取一个适合进行科学研究的位置。而最真心诚意的帮助来自克莱尔。他在 1828 年转到教育部工作,就千方百计地为阿贝尔谋求柏林大学的职位。不幸的是,当时阿贝尔身患肺结核,而肺结核在当时又是不治之症,尽管阿贝尔拖着病弱的身躯拼命写论文,然而死神还是不期而至。1829 年 4 月 6 日,阿贝尔离开了人世,只活了 26 年又 8 个月。去世两天之后,克莱尔高兴地通知他,已经为他谋到柏林大学的教授职位。

阿贝尔过早离世,实际上是许多因素共同作用的结果。他得了肺结核,这在当时是不治之症,100 年后依然是不治之症。本应该长期卧床的他,仍然在拼命工作,因为这时出现了一位竞争对手——雅可比。数学家之间优先权之争屡见不鲜，关键是发表的前后顺序。雅可比发表的只是摘要，这使阿贝尔指出，雅可比的结果是自己论文的推论，从而确立了自己的优先地位。然而，他没有正式工作，却有许多弟妹要养活，这弄得他一文莫名，可他一直没有一句抱怨。有意思的是，他的兄弟和妹妹都比他活得长，他真是累死的。生活的不幸并没有使他失去爱心，1829 年在他去世前，他住在一个老板家，他的未婚妻肯普小姐在那里当保姆，阿贝尔是在 1823 年夏去丹麦时认识她的，可是阿贝尔一直没钱结婚。但是肯普小姐却一直亲自照顾阿贝尔，直到他去世。阿贝尔也十分牵挂她的未来，他给朋友凯尔豪这样介绍肯普小姐："她并不漂亮，有一头红色头发，还有雀斑，可她十分出色。"没想到阿贝尔去世之后，凯尔豪果然向她求婚并得到她的同意。

阿贝尔能从挪威这个国家脱颖而出，确实是个奇迹，他理所当然地也成为挪威人民的骄傲。在奥斯陆的国王王宫前的广场上，竖了一个柱子，柱顶就是阿贝尔与恶龙搏斗。到 21 世纪，挪威从 2003 年起，每年颁发阿贝尔奖。一个小国，能培养出那么多令祖国和人民自豪的世界文化名人，也许才真正显示出她的荣耀与尊严。挪威国王哈拉德五世在参加纪念阿贝尔诞辰 200 周年大会的开幕词中骄傲地宣称阿贝尔是挪威的民族英雄。

六、阿贝尔的数学

阿贝尔的数学即使在今天也不是很好懂，哪怕你是数学系的大学生或研究生。也许法国大数学家埃尔米特说的话很中肯："阿贝尔的数学够后来的数学家忙上 150 年。"这话不假，以阿贝尔命名的数学概念和数学定理多达几十个，如阿贝尔群、阿贝尔簇、阿贝尔函数、阿贝尔范畴等。甚至还有阿贝尔数学及非阿贝尔数学的提法。要理解阿贝尔的数学，先看一下 19 世纪初的数学状况。

以 1800 年为界，近代数学可以划分为前后两个阶段。阿贝尔所面对的正是 17、18 世纪发展起来的数学。这两个世纪打下了我们现在数学的基础。这期间形成了近代数学的五大分支：数论、几何、代数、分析、数值计算或计算数学。

数论主要研究数，首先是整数的性质，一般认为费马是近代数论的奠基人，其后欧拉、拉格朗日、勒让德加以发展。到 19 世纪初，高斯的《算术探究》出版，数论正式成为数学的理论分支。它不仅有系统的理论，也包含大量问题，其中有的至今尚未解决（如哥德巴赫猜想）。

几何研究的对象是形。这是西方数学的主流。欧几里得的《几何原本》中，7、8、9 三篇主要研究对象是数。这表明西方数学中几何几乎是数学的同义语。到了 17 世纪，传统的几何方法仍然居于主导地位，例如牛顿的《自然哲学的数学原理》就是以几何方法论述的。不过费马与笛卡儿开创了解析几何，解析方法逐步占据重要地位。它可以划分为代数方法和分析方法，相应地产生出代数几何和微分几何两大分支。

代数主要研究符号运算。法国数学家韦达公认是近代代数之父。符号化使得代数的主要目标是求解方程和方程组。古代已知一次方程、二次方程乃至部分三次方程的解法，到 16 世纪上半叶，已经知道三次方程和四次方程的根式解,即把方程的解通过方程系数加、减、乘、除和开方来表示。数学家自然考虑如何解五次以上方程,但是经历了近300年,进展不大,到阿贝尔手中,才取得突破。

分析是大多数人不太熟悉的数学领域。它的起点是微积分,而微积分对于多数人来讲高深莫测,其实它只是分析的最初级阶段。分析与代数密切相关,也是搞符号运算的,只不过,代数处理有限的符号运算,而分析处理无穷的符号运算。所以在18世纪,人们常说,"代数是有限的分析,分析是无穷的代数"。在19世纪之前,无穷运算也是照着有限运算的方法办理,正如数学家达朗贝尔所说,"向前走,你就会得到胜利"。但这样做,有时候就得出让人难以信服的结果。例如 $\frac{1}{1-x}=1+x+x^2+x^3+\cdots$,当 $x=\frac{1}{2}$,就得出等比级数求和的正确结果:

$$1+\frac{1}{2}+\frac{1}{4}+\frac{1}{8}+\cdots=2$$

而当 $x=2$ 时,就得出 $1+2+4+8+\cdots=-1$ 这样的结果。以前大数学家都这么做,只是到了阿贝尔才认真考虑这方面的问题。这些当然只是分析中最基本的问题,许多属于分析的问题,例如求椭圆的一段弧长就难倒许多大数学家,这种很自然的问题也是到了阿贝尔手中才得以取得进展。除了微积分,18世纪的分析的分支还有常微分方程、偏微分方程、变分法等分支,而阿贝尔第一个求解积分方程,而系统的积分方程理论到19世纪末才开始研究。

数值计算在几乎所有应用问题中都要出现,许多问题中我们只需要或者只能算到有限多位，近似计算永远是受欢迎的。

除以上五大领域之外，17、18世纪还创立了概率论，当时称为概率演算，当时有很多应用，算作应用数学。

19世纪的数学明显地反映出科学发展日益专业化的趋势，简单地说，可以归结为下面三个方面：

（1）纯粹数学与应用数学的分离。阿贝尔的大部分数学属于纯粹数学，也就是问题几乎没有实际背景，问题的解决也没有什么应用价值，至少当时如此。

（2）理论方向与计算方向的分离。数学在过去很长时间称为算学，而代数与分析主要是以演算为主。但阿贝尔发现，许多问题特别是求解方程不能靠傻算，因为许多问题解根本不存在。因此在解方程之前，首先证明方程的可解性或者解的存在性。分析的理论问题主要是分析的严格性，这也是阿贝尔首先考虑的。

（3）分析方法与几何方法的对立。19世纪数学的突出特点是分析方法取得极大胜利。阿贝尔在这方面有重大贡献，特别是椭圆函数论与积分方程。19世纪中期，许多数学家被称为几何学家或分析家，阿贝尔当然是分析家。

直到19世纪末，数学被分为三大块，几何、代数和分析。数论内容少，常划在代数中。阿贝尔的贡献主要在代数及分析两大领域。在代数方面开创了代数方程论，在分析方面则集中在三个方面，最主要的是椭圆函数论、分析的严格化以及积分方程。分析一位数学家历史地位的要点则是，解决大问题、开创新理论及新的研究方向、提出新方法、发现新关系等，而在其背后则是创新的思想方向，而这常为史家所忽略。下面分别从这两方面对阿贝尔的成就加以论述。

1. 代数方程理论

长期以来，代数的中心问题是求解代数方程，而代数方程的根要通过系数的加、减、乘、除和开方（整数次）表现出来，这常称为根式解或代数解。16 世纪数学家成功地得出三次方程、四次方程的一般公式以后，当然顺理成章地希望求出五次及五次以上方程的根式解的一般公式。

阿贝尔的开创性到底在什么地方？显然，他解决的是一个大的、方向性的问题。阿贝尔在巴黎时，认识他的同时代人、德国数学家狄利克雷，当时，他因解决 $n=5$ 情形的费马大定理而小有名气，也就是他证明不定方程 $x^5+y^5=z^5$ 没有正整数解。显然，这个问题不能同五次方程相提并论。许多人都企图正面得出公式，阿贝尔也是如此。虽然别人没有发现他的错误，但德根教授的两点意见，很值得注意：

（1）阿贝尔自以为得出的求解公式要用具体例子来解释。

（2）五次方程方向很窄，应该研究椭圆函数。

从现在来看，虽然德根不是什么重要数学家，但这两点至关重要。阿贝尔正是由于第一点找到自己的错误，在这种情况下，他有两个选择：一是继续，二是放弃。他选择继续。继续又有两种选择：一是沿着原路走到黑，二是从反方面想。他选择第二条路，这完全改变了代数方程的研究方向，而且开创了一系列不可解问题的理论。其实，拉格朗日已经明确指出："用根号解四次以上方程是一个不可解问题，虽然关于不可解性什么也没证明。"而阿贝尔的首要功劳在于给出这个证明。

证明不可解性，事情并没有完成，因为这样一来，五次方程就分成两部分，有些可以根式解，有些不能根式解。更进一步，任何高次方程都存在同样的问题。在这方面，阿贝尔制定了一个研究纲领：

（1）什么样的方程可根式解，或者满足什么条件的方程可根式解？

（2）如何判定一个代数方程可根式解或不可根式解？

他部分地解决了第一个问题，而第二个问题很快被另一个天才伽罗瓦完美地解决。在他们的影响下，古代的一系列问题，例如古希腊三大作图问题逐一得到解决。伽罗瓦理论还导致域论和群论的诞生，代数的面貌从此完全改变。

2．分析

阿贝尔在代数上的成就十分可观，他在分析方面的贡献更是划时代的。传统的数学史在谈到19世纪数学时，常把非欧几何、代数方程论（及群论）以及分析的严格化列为三大成就，当然从现在的角度来讲，远不止此。即使这样来看，分析的严格化也是从阿贝尔开始的。

他说："在分析中可以发现多得惊人的含混之处。这样的完全没有计划和系统的分析，竟有那么多人研究过它，真是奇怪。最糟糕的是它还没有得到完全严格处理，高等分析中只有少数命题得到完全严格的证明。人们到处发现从特殊到一般的靠不住的推理方法，而十分奇妙的是这些方法居然只导致极少几个所谓的悖论。真正有意思的是寻求其中的原因。"这些话概括了当时分析的现实情况，也表明阿贝尔的研究方向。他没有时间完成这个大计划，但他开了一个头，从无穷级数开始。

1826 年 1 月，阿贝尔给霍尔姆博的信中提到："我非常惊讶地看到下列事实，如果抛开最简单的情形，那么在全部数学中没有一个无穷级数的和是被严格确定的。换句话说，数学中最重要的部分是没有根基的。诚然，数学的大部分是正确的，而这正是令人惊讶的地方。我要努力找出这个道理，这是一个十分有趣的题目。"

分析中的函数大都是超越函数，超越函数往往被展开成幂级数。阿贝尔首先认识到形式幂级数必须考虑其收敛与发散空间，而这首先要确定无穷级数收敛的判据。阿贝尔是继柯西之后首先给出收敛性判据的，而这一系列的研究一直持续到 19 世纪末。

阿贝尔另一项重要结果是纠正柯西的一个大错。柯西无疑是数学分析严格化的最大功臣，但他的基础并不牢固。1821 年，他证明处处收敛的连续函数级数的和也是连续函数，但阿贝尔在 1826 年给出反例。他实际上已有一致收敛的思想，他证明，如果幂级数在 $x=a$ 处收敛，则在 $|x|<|a|$ 处也收敛。经过半个多世纪的研究，一致收敛的重要性被清楚地认识到，它与幂级数的逐项微分及积分密切相关。

数学分析的严格化最终在 19 世纪末由魏尔斯特拉斯完成。

阿贝尔的成就延续到 20 世纪甚至今天，是椭圆函数论及其推广。

椭圆函数来源于求椭圆的弧长。长期以来，许多数学家研究这种椭圆积分。勒让德就毕生研究这种积分，但他从来没想到把椭圆积分反演得出椭圆函数，以至他晚年不无辛酸地赞美阿贝尔及雅可比的工作。他们和高斯都想到反演方法，但高斯的结果到他去世后才发表。因此，首先发表这一结果的是阿贝尔，雅可比稍晚一些。阿贝尔在1823年已经有了反演的想法，1827年发表第一篇论文，而雅可比在1827年才开始研究，并写了一篇没有证明的论文。其后两人都发表这方面的论文，而且勒让德在他的《椭圆函数论》的补篇介绍了两人的工作。由于阿贝尔在1829年英年早逝，其后雅可比占主导地位。

然而阿贝尔已经对研究椭圆函数开了很好的头，他的巨大贡献有三点：

（1）首先得出与过去的函数迥然不同的一大类超越函数。

（2）他证明椭圆函数的加法定理。

（3）他把椭圆函数由实值扩展到复值，并发现其重要性质——双周期性，这成为后来研究的出发点。其后椭圆函数成为复分析的基础。

阿贝尔更大的贡献是更进一步把椭圆积分及相应的椭圆函数推广到阿贝尔积分及阿贝尔函数。他证明了阿贝尔定理，特殊情形在1826年发表，一般情形到1841年才发表。

从椭圆函数到阿贝尔函数整个领域成为19世纪数学的主流之一。所有伟大的数学家都在这个方面做出贡献，这里我们只需提一下黎曼与魏尔斯特拉斯的大名。这项发展主要由德国的数学家完成,但法国(乃至英国)数学家也有贡献,特别是埃尔米特,他说,阿贝尔留下的工作,够以后数学家忙上500年(一说150年,最新的挪威作家写的传记说是几百年),主要指椭圆函数论。20世纪末,费马大定理的证明靠的就是椭圆曲线,而椭圆曲线正是用椭圆函数参数化的曲线。值得注意的是,埃尔米特的突出贡献是把阿贝尔的两项成就——五次方程和椭圆函数联系在一起,这真是一项令人赞叹的结果。这里我们不应忘记阿贝尔的思想:"你必须经常反过来考虑问题。"

阿贝尔除前述成就之外,也许还应该加上在积分方程上的建树。从微积分创立起,就开始求解微分方程,而理论物理学则是建立在微分方程的基础上。实际上,也有一些数理方程是积分方程,但这到19世纪末才形成积分方程理论,到20世纪成为泛函分析的先导。1823年,阿贝尔求解第一个积分方程只是这个伟大领域的第一声鸣叫而已。

总之,阿贝尔在数学史上的地位是开创数学的新领域、新方向,在这方面,他本可与19世纪初最伟大的数学家高斯与柯西相提并论。可惜,天不假年,他没有完成自己去开创的事业,不过,后来的天才数学家漂亮地建成他所奠基的大厦。而他的思想方法与精神力量更是激励后来的数学家建功立业。

七、阿贝尔奖

谁不知道诺贝尔的大名?可是谁又知道阿贝尔的名字?尽管只有一字之差。诺贝尔的名声来自他发明的烈性炸药——我们至今还在使用的黄色炸药，它取代了我们老祖宗发明的黑色火药。这位瑞典的化学家因此发了大财。到晚年，他就考虑怎样处理他这份财产了。他决定回馈社会，设置了五个奖项：三个科学奖——物理学奖、化学奖、生理学或医学奖，一个文学奖，一个和平奖。难能可贵的是，获奖者不限于他的祖国瑞典，而是全世界。这使得诺贝尔三项科学奖，成为世界科学界的最高荣誉。在获奖者当中也有8位华人。

令人纳闷的是，诺贝尔奖中没有数学奖，对此人们有种种猜测，最不靠谱的是说，瑞典有位数学家，与诺贝尔的夫人有染。这位数学家叫米塔格－莱夫勒，是当时影响瑞典数学发展最重要的人物，至今复分析中还有以他的名字命名的定理。如果诺贝尔设置数学奖的话，可能他的钱会落入自己的情敌手中。其实这完全是无稽之谈。事实上诺贝尔一生未婚，也没有风流韵事，更何况当时大数学家都集中在法国和德国，即使设置数学奖，也轮不到这个数学小国的二、三流数学家获奖。这并不是我们的无端猜想，爱好科学文化的瑞典人的确曾在1885年左右设置过一个数学大奖，最后这个奖给了法国大数学家庞加莱。

瑞典人不设数学奖，让它的邻国（当时应该算它的属国）挪威不太高兴。瑞典人的物理、化学、生理学、医学在强手如林的世界中仍能获奖（获奖人数超过华人），挪威人可就不行了，也就两三位，可挪威人的强项是数学，一流的数学家就不止八位。挪威人开始为荣誉而战。它要倾全国之力设立一个国际数学奖，就用挪威产生过的第一位大数学家——阿贝尔来命名，并希望在阿贝尔诞辰100周年设立，这也是诺贝尔奖颁发一年之后。遗憾的是，英年早逝的阿贝尔贫病交迫，这奖金只能靠国家、靠有钱人来捐献了。对于一个小国和不大富裕的国家，这真有点勉为其难。

1902 年的计划搁浅之后，又过了 100 年，2002 年，挪威政府和挪威科学院终于推出了世界数学的最高奖——阿贝尔奖。奖金的数额也大抵与每项诺贝尔奖相当。从 2003 年到 2020 年共有 22 位当今数学家获奖。他们无一不对自己能与阿贝尔的名字联系起来而自豪，因为阿贝尔毕竟是有史以来最伟大的数学家之一。

（作者：胡作玄　邓明立）

黎曼
现代数学的开拓者

乔治·弗里德里希·伯恩哈德·黎曼
(Georg Friedrich Bernhard Riemann,1826—1866)

乔治·黎曼是19世纪德国伟大的数学家。在19世纪数学的巨大变革中，黎曼的思想具有多方面的决定性的影响。黎曼一生著述不多，但篇篇都很重要：1851年的博士论文是几何函数论的基础，并为开辟拓扑学这一浩瀚数学领域打下了基础；1854年的就职演说是 n 维流形和黎曼空间理论的经典；1857年关于阿贝尔函数的论文，使阿贝尔函数理论得到了系统的表述；1858年关于素数分布的论文则是解析数论的先驱，其中的黎曼猜想更是数学史上脍炙人口的精品。黎曼将微分方程在物理上的出色应用，不仅使理论物理熠熠生辉，而且为微分方程充实了内容；当然，分析学上也留下了黎曼的深刻足迹，"黎曼和""黎曼积分""黎曼函数""黎曼方程""黎曼公式"……都显示了他对分析学的影响。

还值得注意的是，黎曼处于德国哥廷根大学人物系列——高斯、狄利克雷、黎曼、克莱因、希尔伯特等的中间位置，他为继承和发展哥廷根传统起到了承上启下的作用。

一、辉煌的年轻时代

1826年9月17日，乔治·弗里德里希·伯恩哈德·黎曼生于德国丹内恩堡附近的布雷塞伦茨。这是德国资本主义发展的初期。由于英国工业革命的促进，特别是德意志关税同盟的建立，德国的经济开始快速发展,资本主义的上层建筑也相应地得到建立和加强。随之而来的阶级矛盾也加深了。黎曼就是在这样一种社会环境中出生成长的。但是,没有什么材料谈到黎曼在德国社会大变动中的所作所为。其实,这毫不奇怪,社会矛盾以及由此而引起的社会变革并不与每个人的思想行为构成某种函数关系,在任何时代都存在着众多的"游离于"社会冲突之外的人物,他们虽然称不上社会革命的斗士,但却完全无妨他们在科学上,尤其是在数学上做出重大的贡献,成为科学史上所向无敌的勇敢战士。

黎曼的家境很一般,父亲伯恩哈德·黎曼是基督教新教的牧师,生有六个孩子,黎曼排行老二。当时父亲正担任着当地一位教师的助手,因此黎曼的基础教育自然由其父亲来负责了。童年时代的黎曼就在算术方面表现出异常的才能。那时,父亲喜欢叫他夏洛特·埃贝尔,儿子的聪明使得父亲十分高兴。14岁那年,由于弟妹增多,父亲怕影响黎曼的学业,把他送往汉诺威与祖母同住。当年的复活节,黎曼在那里参加了亚里士多德学派。两年后祖母去世,他进了吕纳堡的一所中学。在中学里,黎曼自学了欧拉、勒让德等人的著作。这不仅使他的数学成绩远远领先于同班同学,而且为以后数学才能的发展打下了基础。

1846年春,黎曼考入哥廷根大学,遵照父亲的愿望攻读神学和语言学。然而数学仍吸引着他。那时,高斯正在哥廷根大学执教,黎曼怎肯放过如此诱人的机会。他不时地抽空去听高斯的数学课,越听越带劲,还经常萌发出一些新颖的思想。黎曼无法压制自己对数学的热爱,他感到,既然自己永远摆脱不了数学的吸引,那就趁早转向，投入自己所热爱的事业。经父亲同意，1847年黎曼改读数学。

19世纪40年代至50年代，德国的数学中心在柏林。哥廷根虽然有高斯，但人单力薄。加上高斯不喜欢教学，也不喜欢发表作品，因此学生不多，影响受到局限。相反，柏林大学有雅可比、狄利克雷和施泰纳等人，这些40岁刚出头的中年数学家，正由二十多年前开始的活跃研究转向稳定的著述和教学时期。他们功底深厚扎实又不保守，所以当时学数学的大学生们都喜欢去柏林大学求教。1847年春，黎曼在柏林大学领取了旁听证。他听遍了柏林大学所有教授的课，对他影响最深的则是狄利克雷。狄利克雷也是高斯的学生，但他不像高斯那样孤芳自傲。他喜欢交往，除了德国的同行，与以柯西、傅里叶、泊松为首的一批法国数学家也有密切联系。因此，狄利克雷不仅了解高斯，有"高斯思想的阐释者"之称，而且了解当时数学世界新潮流的开拓者——法国学派。黎曼与狄利克雷的接触自然使他深受其益，狄利克雷为黎曼指出了一条投向世界新潮流的捷径。

1849年春，黎曼在柏林足足待了两年后返回哥廷根。那时哥廷根大学正由于物理学家韦伯的到来而名气大增。韦伯是个很有独立性格的人，早先曾担任过哥廷根大学的物理学教授。他喜欢有啥说啥，甚至当面顶撞上司，散布反对王族的言论。因此1837年被革职引退。然而也就在引退的那些年里，韦伯做出了许多重要的成就，成了德国物理学界的代表人物。韦伯与高斯是老朋友，可两人性格很不相同。韦伯开朗好交友，而且重视教学。回到哥廷根大学后韦伯亲自带了一个物理学研究班，这正好为黎曼完成在哥廷根大学后三个学期的学业创造了条件。黎曼选读了物理学研究班的课程以及哲学和教育学。

1851年夏，黎曼大学毕业。接着的事情是完成博士论文。高斯希望他在复函数理论方面考虑一个题目。这对黎曼是个不小的考验，因为大约到1850年的时候，复函数理论由于经一批最杰出的数学家，如达朗贝尔、欧拉、拉格朗日、拉普拉斯、柯西、魏尔斯特拉斯以及阿贝尔、雅可比等人一个世纪的努力，它的发展已经告了一个段落。严密的方法、准确的描述和无疑问的存在性的证明，在任何一种数学训练中都标志着发展中的一个重要然而是最后的阶段。因此，黎曼如果要在复函数上做文章，那他必须具备开拓者的勇气和才能。事实证明了黎曼非凡的才能。1851年11月，黎曼仅用了几个月的时间就拿出了一篇划时代的论文：《复变函数的一般理论的基础》。这篇文章不仅开创了复变函数的几何理论的新方向，而且对拓扑学也是至关重要的。那时候，拓扑学还是一个几乎未曾触及的主题。黎曼的论文指出了拓扑学对于复函数理论的重要性，并完成了对定向闭曲面的拓扑分类，为推进拓扑学的发展产生了积极的作用。1851年12月16日，黎曼通过论文答辩，取得了博士学位。

根据德国的规定，博士学位只是表示学术水平的基本标志，至于够不够格在大学获取工作席位还要进一步审定。于是，黎曼必须为取得讲师资格而再做准备。从1852年年初起，经过两年的努力，黎曼同时完成了两篇论文：《论傅里叶级数》和《关于作为几何学基础的假设》。前一篇论文作为资格审查材料交学校行政当局；后一篇作为按规定进行的讲演材料，于 1854 年 6 月 10 日宣读。这是有纪念意义的历史性场面。年轻而又胆怯的黎曼站在年长的传奇式的高斯面前进行讲演。黎曼虽不免拘谨，但毫无难色。论文所阐述的新思想表明，在不少方面黎曼已经超过了高斯。它显示了哥廷根的一个新时期的来到。

《关于作为几何学基础的假设》是黎曼对高斯的微分几何工作的继续和发展。众所周知，高斯是近代微分几何的开创者，是他那个时代微分几何的最高权威。但黎曼提出的空间几何并不是高斯的微分几何的简单的推广，他重新考虑了研究空间的整个途径。他把高斯的三维空间中的内蕴几何扩展到 n 维，同时建立起 n 维流形和流形的曲率的概念。黎曼企图通过流形曲率去刻画欧几里得空间和更一般的空间，在这种空间中图形可以挪动而不改变其形状或大小。黎曼关于任意 n 维流形曲率的概念是高斯关于曲面的总曲率的推广。如同高斯的概念一样，流形的曲率可用一些量定义，而这些量可以在流形自身上确定，从而无须把流形想象成位于某一更高维的流形中。黎曼的这些工作都是高斯曾经想做而没有做成的，因此当高斯获悉黎曼这一系列精湛而深刻的创造后，他感到困惑和震惊。高斯怀着十分激动的心情听取了黎曼的讲演，充分肯定了这一研究的重大意义。

接连三篇论文的极大成功，使黎曼这个才 20 岁出头的年轻人成了德国数学界引人注目的人物。他的地位虽然还很低，但他对数学的特殊敏锐性和深刻洞察力，以及他那坚韧不拔的精神都足以证明他是未来的伟大数学家。

二、复函数理论与黎曼面

1854年,黎曼在哥廷根大学获得无薪讲师职位后首次开课。第一门课程是"偏微分方程在物理学上的应用",讲述的是他前几年在数学物理上的一些主要成果。第二学年,他向他的学生讲述了当时全新的关于阿贝尔函数的著名理论,这一理论显示了黎曼继1851年写出博士论文以后复函数方面的新的重大突破。

在黎曼之前,复函数理论的最大贡献者是柯西,柯西研究了复变量函数的性质以及微分、积分等一系列问题,还着手处理多值函数的积分,在对函数连续求积中又发现了椭圆函数和超椭圆函数的周期性。柯西之后,虽有劳伦特、皮瑟、魏尔斯特拉斯等人的工作,但工作的重心已转向椭圆函数和阿贝尔函数等特殊的领域。这个领域越发展,就越需要算法技巧来补偿基本认识的不足。1851年,即黎曼为自己的论文答辩的这一年,他对复函数的认识已达到相当的高度,具备了为进一步发展这个领域所必需的思想基础。最杰出的创造是黎曼面的概念。这一概念最早见于1851年的博士论文,在1857年关于阿贝尔函数的论文中变得更清楚完整。

我们知道,函数的单值或多值是以函数对应自变量的一个值,其函数值以一个或多个与之对应而定的。单值函数的直观印象比较简单清楚,例如,常见的直角坐标系下的初等函数图象,多值函数相对地比较复杂,但当函数的定义域和值域都是实物时,也能在平面上用它的图象直观地表示并加以研究。难对付的是复变量的复函数,由于这类函数的定义域和值域都是复数,因此都必须用复平面来表示,这样,对于单值的复函数,就必须至少具有两个平面:一个表示定义域,另一个表示值域。而对多值函数,两张就不够了。怎样给出多值函数的直观表示呢?黎曼考虑了这个问题。

以复函数 $z=\omega^2$ 而言,对于 z 的每一个复数值, ω 有两个复数值与之对应。为了研究这个函数并保持两个值集 $\omega=+\sqrt{2}$ 和 $\omega=-\sqrt{2}$ 分开,黎曼给每一个分支引进一个 z 值平面。他还附带地在每一个平面上引进一个点对应于 $z=\infty$。这两个平面可以看作一个位于另一个的上方,并且在两个分支给出相同 ω 的值的那些 z 上连接起来。这样, $\omega=\sqrt{2}$ 仅由上叶的 z 值表示, $\omega=-\sqrt{2}$ 则由下叶的 z 值表示。同样,对于任意的多值函数,也可以采取这种制造单值化的定义域的办法,把它形象地表示出来。这种将定义域适当地改变,使所给函数可以看作其上单值解析函数的一般域,就叫作黎曼面。它的构造和螺旋形的梯子相似,其中 $z=0$ 起着螺梯的中柱作用。由于解析函数的性质与黎曼面的几何性质密切相关,因此,黎曼面不仅是用来作为阐明多值函数特征的辅助工具,而且对于研究解析函数的性质,以及发展研究解析函数的方法,都具有根本性的作用。黎曼又把同类黎曼面集中在一起,形成了"参模"的观念。研究参模上的结构是现在最时髦的领域之一。

需要指出的是,直到现在,我们在说明黎曼的思想时,都是从

一个函数 $f(\omega, z)=0$ 出发，指出什么是该函数的黎曼面。其实，这不是黎曼考虑问题的途径。黎曼是从一个黎曼面出发，提议证明有一个属于它的方程 $f(\omega, z)=0$，并进一步证明有其他单值及多值函数定义在这个黎曼面上。

黎曼用以处理它的复函数理论的工具是他所谓的"狄利克雷原理"。之所以这样称呼，是因为这个原理是他从狄利克雷那里学来的。其实，在狄利克雷之前，高斯和英国剑桥大学的威廉·汤姆逊勋爵曾分别在 1840 年和 1847 年提出过这一原理。因此直到现在，英国还有人喜欢称它为汤姆逊原理。这个原理可叙述为，满足最小化狄利克雷积分的函数 u 满足位势方程。黎曼把函数 u 推广到了黎曼面上的区域，并且在域中规定了 u 的奇异性和跳跃（周期变化）。狄利克雷原理被黎曼应用得十分得心应手。最令人满意的一个应用是证明由他提出的"黎曼映照定理"。虽然他的证明并不严格，但是不仅保形映照的一些特殊结果被得到了，而且黎曼很自然地把由高斯建立的从 z 平面到 ω 平面的保形映照推广到了黎曼面上，这就为保形映照理论开辟了新的篇章。1857 年，黎曼把他的 1855—1856 学年的讲义充实成四篇论文，在德国《数学杂志》上发表。

椭圆函数及以后的阿贝尔函数和阿贝尔积分是 19 世纪上半叶，与复函数的一些基本定理平行发展的重要分支。公认的创始人是阿贝尔和雅可比。19 世纪 50 年代，黎曼发明了黎曼面这一工具，使得处理多值函数的困难克服了，从而对阿贝尔积分与阿贝尔函数的认识进一步加深。在这一个分支上，黎曼的贡献除了给出了阿贝尔积分的分类，揭示了黎曼面上能够存在的函数的种类，证明了代数函数可以用超越函数的和来表示以外，更重要的是对雅可比反演问题的研究。这表明黎曼不仅有深刻的揭示概念的能力，而且亦精通算法。

19世纪50年代末60年代初，由于狄利克雷原理受到魏尔斯特拉斯的怀疑，黎曼的许多重要成果受到挑战。魏尔斯特拉斯在考证了狄利克雷的讲义中的确切说法以后确认，在狄利克雷的假设中根本没有保证存在一个函数，使狄利克雷积分具有最小值。因此魏尔斯特拉斯做出严谨的结论：只能说狄利克雷积分具有最大下界，而不能说具有最小值。魏尔斯特拉斯同时证明，在与原曲面相似的曲面上，狄利克雷原理对一维的修正的狄利克雷积分不成立。这当然是个沉重的打击。其实，魏尔斯特拉斯指出的那些问题黎曼是有所意识的，不过黎曼并不介意。他认为，狄利克雷原理只是一个碰巧适用的方便的工具，对它没有必要多费心思，何况它是狄利克雷提出的。这当然是失策的，这种想法即使对物理学家来说也是不可谅解的，就如亥姆霍兹所说，"对我们物理学家来说，狄利克雷原理的应用仍然是一个说明"，对数学家当然更是不允许的了。所以，在黎曼死后的一段时间里，黎曼的方法被冷落了。人们这样认为，既然魏尔斯特拉斯这位最讲究严密性的当代权威数学家说黎曼的方法错了，那就必定错了。人们还觉得有必要用其他的方法去重建黎曼的成果。于是，出现了魏尔斯特拉斯的非几何函数论方法，克莱伯施以及后来的布里尔、诺特和意大利学派所用的代数几何方法，戴德金和海尔里希·韦伯的算术方法，等等。总之，在那些年里，黎曼研究的题材和成果产生了巨大的影响，而他的思考方法却大大地被忽视了。

几乎与此同时，一股重新确认黎曼方法重要性的势头也在崛起。这股势头来自两个方面：一方面是通过证明黎曼结果的正确性来确认他的方法的有效性；另一方面则是拯救狄利克雷原理，复兴在复函数上黎曼的思想方法。

1869年到1870年，魏尔斯特拉斯的学生施瓦尔兹开始用不同的方法证明黎曼的映照定理，他声称他还能保证所有的黎曼存在定理都成立。事实上，施瓦尔兹在关于边界曲线的普遍解释下，利用交替法证明了解的存在性。从1870年开始，卡尔·诺伊曼用算术平均法给出三维狄利克雷问题的解的另一个存在性证明；更大的进步出自庞加莱的"扫除方法"，而最快接近黎曼映照定理的最一般形式是由卡拉西奥多里和克伯发现的。然而，最能直接地接近黎曼的成果、恢复对黎曼方法的信心的却是希尔伯特。1899年，希尔伯特证明了在区域、边值和允许函数的适当条件下，狄利克雷原理确实成立，从而使狄利克雷原理得到复生。

狄利克雷原理的复生自然使黎曼的成果以及他所用的方法置于无可怀疑的境地。但即使在这之前，黎曼在复函数上所用的几何方法仍然受到一些人的青睐，菲利克斯·克莱因就是其中的一个。19世纪80年代，克莱因在结束了几何学统一性的研究之后转入了函数论领域，侧重于关于椭圆函数和阿贝尔函数的研究。克莱因很敬佩黎曼，他承认自己的许多工作是在黎曼的基础上获得的。如他的爱尔朗根纲要可以说是黎曼流形和伽罗瓦群的融合，他的自守函数可以说是黎曼面和伽罗瓦群的融合，而以单值化定理为顶点的关于函数论的研究更是黎曼思想的直接结果。在黎曼方法经受考验的时候，克莱因愿意逆潮流而动，首先在复函数上复兴黎曼的几何方法。1892年，克莱因发表了一本阐述黎曼思想的小册子。这本小册子写得十分出色。

三、黎曼几何和相对论

黎曼任哥廷根大学讲师的第二年，高斯去世了。哥廷根大学决定聘请狄利克雷接替高斯。于是，狄利克雷从柏林来到哥廷根，狄利克雷提议让黎曼升任编外教授，既给了黎曼应有的学术地位，又不占哥廷根教授的编制。结果未能如愿以偿，学校只是答应给黎曼每年200塔勒的薪水。两年后的1857年，黎曼被任命为编外教授，年薪增加到300塔勒。1859年，狄利克雷去世，黎曼成了正式教授。从此，继高斯、狄利克雷之后，黎曼成为哥廷根大学的代表人物。黎曼以其独特的创造性工作开辟了数学发展的新时代，同时保持了德国的数学大国地位，使哥廷根继柏林之后成为世界数学的中心。黎曼也为克莱因、希尔伯特时代的哥廷根奠定了基础。

黎曼是个独创的数学家，他的思想并不明显地追随着某个人。然而，即使这样，我们仍然可以找到黎曼的工作与前人的渊源关系。黎曼的复函数研究可以说是柯西和阿贝尔、雅可比工作的继续，而他对几何的运用以及所做的贡献则是高斯成果的再发展。许多人把黎曼称为几何哲学家，这无疑是由于他的几何具有丰富的哲学内容，这方面黎曼受到赫伯特与康德的影响。

高斯对微分几何的兴趣出自他从 1816 年开始的大地测量和地图绘制方面的实践。1827 年发表的《关于曲面的一般研究》集中体现了他这方面的成就，其中包括：关于曲面曲率的系统研究、曲面上测地线的寻找，关于求任一曲面保角变换到任何另一曲面上的解析条件以及曲面的内蕴几何理论。高斯工作的重要性在于他证明了，曲面的几何可以集中在曲面本身上进行研究，从而改变曲面一直被作为三维欧几里得空间中的图形来研究的做法。根据高斯的结论，对于曲面 $x=x(u, v)$，$y=y(u, v)$，$z=z(u, v)$ 只要在曲面上给定这些 u 和 v 的坐标，以及 u 和 v 的函数 E、F 和 G 表示 ds^2 的表达式[1]，那么曲面的所有性质都能从这个表达式推出。这就提出了两个很重要的思想：一是曲面本身可以看成一个空间，因为它的全部性质被 ds^2 确定；二是既然曲面本身可看成一个空间，那么它具有哪一种几何呢？如果把测地线当作曲面上的"直线"，则几何应该是非欧几里得的。这就等于指出，至少在曲面上有着非欧几何。

高斯关于欧几里得空间中曲面的内蕴几何，开辟了一个很大的研究领域，它为黎曼的工作创造了条件。与高斯研究三维空间的情况不同，黎曼一开始就处理 n 维空间。黎曼认为要是演绎空间存在的话，那就是拓扑的而不是度量的。拓扑基础空间是 n 维流形[2]。黎

1　$ds^2 = E(u, v) du^2 + 2F(u, v) dadv + G(u, v) dv^2$，其中 $E = a^2 + b^2 + c^2$，$F = aa' + bb' + cc'$，$G = c'^2 + b'^2 + c'^2$。而 $a = x_u$，$a' = x_v$；$b = y_u$，$b' = y_v$；$c = z_u$，$c' = z_v$。

2　黎曼把 n 维空间叫作一个流形，拓扑空间也就是 n 维流形。

曼在这里第一次提出了流形这个概念。n 维流形中的一个点可以用 n 个可变参数 x_1, x_2, $\cdots$, x_n 的一组指定的特定值来表示，而所有这种可能的点的总体就构成 n 维流形本身，就如在一个曲面上的点的全体构成曲面本身一样。这 n 个可变参数就叫作流形的坐标。当这些 x_i 连续变化时，对应的点就遍历这个流形。相对地，作为欧几里得距离空间公式 $ds^2 = dx_1^2 + dx_2^2 + \cdots + dx_n^2$ 的一个推广，黎曼把正定的二次型 $ds^2 = \sum g_{ij} dx_i dx_j$ 作为 n 维流形中的距离公式，其中 g_{ij} 是坐标 x_i 的函数。

这样得到的结构就是现在所谓的黎曼空间，而这种空间的几何便叫黎曼几何。因此，黎曼空间可以看成是在无限小范围里的欧几里得空间。假如抛开所有数学术语和复杂的公式，仅注意黎曼空间及其几何的实质的话，那么可以发现，黎曼这一博大精深的创造性的内核却是十分简单的。黎曼空间在无限小范围内与欧几里得空间相一致这个事实，可以用来在其中定义基本的几何量，类似于高斯在曲面的内蕴几何里用平面逼近曲线的无限小片段时所做的。黎曼几何的主要任务就是给出区别一般的黎曼空间与欧几里得空间的解析表示，即给出黎曼空间的测度——曲率。高斯曲率表示曲面的内蕴几何对平面上的几何的差异程度，而黎曼曲率在黎曼空间内部决定它与欧几里得空间的差异程度，例如，它决定三角形内角之和与 π 的差异和周长与 2π 的差异。

1854 年黎曼的就职讲演未加数学表述地概括了黎曼空间及其几何的基本内容，然而反响很小。据说，当时在演讲大厅里真能感受到黎曼思想深刻性的仅高斯一人。高斯去世后，人们对这一重要事件的评述也就暂时搁置起来了。1858年，法国科学院提出了一个热传导问题有奖征求论文，黎曼应征了。文章写得很不错，不仅问题得到了解决，而且黎曼还利用这一机会在文章里阐明了他就职演说中的基本思想。然而，黎曼没有拿到奖金，原因是他没能充分揭示自己的论断。这使黎曼很扫兴，他不愿意再将他的那篇就职演说拿出来发表了。因此，直到1868年黎曼死后两年，数学界才真正见到这篇题为《关于作为几何学基础的假设》的论文。

19世纪，黎曼空间充其量是被当作抽象的数学理论接受的。作为空间哲学，它们没有起到什么作用。在空间的变革中，黎曼思想的传播一度被亥姆霍兹拦住了去路。这位德国著名的物理学家和生理学家专门写了篇文章对黎曼进行了批评。亥姆霍兹批评黎曼的空间理论是"假设多于事实"，他希望"让事实代替假设"。他认为，"我们关于物理空间的知识只能从经验中来，而且只能依赖于用来作为量尺和其他用途的刚体的存在性"。因此，黎曼空间中非常数曲率被认为是哲学上的错误。亥姆霍兹的这种认识在19世纪有一定的代表性。甚至包括埃尔德曼、庞加莱那样的数学家也常重复亥姆霍兹的言论。几乎所有哲学地评价黎曼空间的人都忽视了黎曼的依据：度量几何所需要的全导性不是主体的，而是一维的杆。总的说来，19世纪讨论黎曼空间理论的平均水平是很低的，正如荷兰数学家汉斯·弗罗登泰尔所说："那时的人根本无法理解曲率可以作为曲面的内部而不是外部特征这件事。"[1]

1　《19世纪几何基础的主要潮流》。

然而，黎曼思想的智慧要比人们承认的深刻得多。19 世纪 90 年代，与黎曼几何相联系的微分不变量的研究引出了数学的又一个全新分支——张量分析，而当 1911 年爱因斯坦在格罗斯曼帮助下掌握了这门理论之后，便成功地表示了他的一般相对论："在从黎曼演讲中发展起来的数学模型中，爱因斯坦发现了适合他的物理思想、他的宇宙论和他的宇宙进化论的标架。"黎曼思想的精神实质正是物理学所需要的，物理数学决定度量结构。

相对论使数学界加深了对黎曼几何的认识。爱因斯坦的工作提出了一个更为广泛的问题，其结果导致黎曼几何的种种推广，包括由赫尔曼·外尔开创的仿射联络空间几何、艾森哈特和维布伦开创的道路几何。黎曼几何后来还成为寻求统一场论的数学工具，虽然这一尝试至今尚未成功，但黎曼几何的作用却是显而易见的。

有人把黎曼对空间的构思表述为"将空间的度量作为经验并给与其演绎拓扑结构"。这只能说是揭示了表面现象，黎曼的思想要比这一做法本身深刻和精妙得多。

四、黎曼面函数和黎曼猜想

1858 年前后，黎曼对数论发生兴趣。他试图利用复数 z 的 ζ 函数去证明素数定理。这是继复函数理论和黎曼几何之后，黎曼在数学研究中的第三个领域。虽然比起前面的工作，他在数论上花的功夫要小些，但贡献却同样是伟大而令人难忘的。

19 世纪的数论，经过欧拉、雅可比等人的工作，解析方法和解析成果开始引入。但解析方法第一个深刻而又经精心设计的使用是狄利克雷作出的。这是高斯注重数论传统的继续,它又经狄利克雷传到了黎曼。1837 年,狄利克雷利用解析方法证明了序列 $\{a+nb\}$(a、b 互素)中包含有无穷多个素数,以及 $\{a+nb\}$ 中的素数的倒数之和是发散的两个重要结果。1841 年,狄利克雷又证明了关于在复数 $a+b_i$ 的级数中的素数的一个定理,这些事件唤起了人们对将复数和解析方法引入数论的注意。

当时,利用 ζ 函数证明素数定理仍然是解析数论的中心课题之一。ζ 函数是指 $\zeta(s) = \sum_{n=1}^{\infty} \frac{1}{n^s}$。对于 s 是实数时的情况,欧拉在 1737 年就给出了结果。欧拉将 $\sum_{n=1}^{\infty} \frac{1}{n^s}$ 表示成了无穷乘积 $\prod_{p} \left(1-\frac{1}{p^s}\right)^{-1}$ 的形式(其中 p 遍及所有的素数),进而证明当 $s>1$ 时,级数收敛。利用这个结果,欧拉又证明了素数的倒数之和是发散的。接着,于 1749 年欧拉又断言对实的 s,$\zeta(1-s) = 2(2\pi)^{-s} \cos\frac{\pi s}{2} \Gamma(s) \zeta(s)$。这个式子现被叫作 ζ 函数的函数方程。

应当说,欧拉的这些结果已经相当不错了,但是问题仍留下不少。一是他没有考虑当 s 是复数时,函数 $\zeta(s)$ 的敛散情况;二是未对上述所谓 ζ 函数的函数方程这一等式做出证明。1859 年,黎曼发表著名论文《论小于给定数的素数的个数》,这是他短暂一生中的最后一篇杰作。在这篇论文中,黎曼第一个成功地把 $\zeta(s)$ 作为复变数 $s(\lambda+it)$ 的图数来加以研究。他利用了欧拉的无穷乘积表示法，首先证明了当 $\lambda>1$ 时，$\zeta(s)$ 是一个没有零点的正则函数。接着又证明了 $\zeta(s)$ 可在整个复平面上解析延拓为只在 $s=1$ 有一阶极点的亚纯函数，以及 $(s-1)\zeta(s)$ 和 $\zeta(s)-\dfrac{1}{s-1}$ 都是整函数，等等。这些结果使黎曼对 ζ 函数有了进一步的认识，尤其是 ζ 函数的零点问题具有特殊的重要性，因为从 ζ 函数的一系列应用来看，很多地方都涉及它在什么地方等于零的问题。例如，用 ζ 函数去证明素数定理时，就应当知道 $\zeta(s)$ 的复零点。当时黎曼已经证明当 $s=\lambda+\mathrm{i}t$，$\lambda>1$ 时，$\zeta(s)$ 没有零点；而当 $\lambda<0$ 时，$\zeta(s)$ 除在 $s=-2$，-4，$\cdots$ 处有零点外，没有其他零点。通常称这些零点为"平凡零点"。对于 λ 的其他情况，黎曼未能给出证明，但他提出了以下 5 个猜想，即：

1. $\zeta(s)$ 在带状区域 $0\leqslant\lambda\leqslant 1$ 中有无穷多个零点；

2. 若 $N(T)$ 表示 $\zeta(s)$ 在矩形 $0\leqslant\lambda\leqslant 1$，$0<t<T$ 中的零点个数，则 $N(T)=\dfrac{1}{2\pi}T\log T-\dfrac{1+\log(2\pi)}{2\pi}T+0(\log T)$；

3. 若将 $\zeta(s)$ 的非平凡零点记为 ρ，则 $\sum|\rho|^{-2}$ 收敛，而 $\sum|\rho|^{-1}$ 发散；

4. 整函数 $\zeta(s)=\pi^{-\frac{s}{2}}(s-1)\zeta(s)\Gamma(s/s+1)$ 可以表示为 $a\mathrm{e}^{bs}\prod\limits_{\rho}\left(1-\dfrac{s}{\rho}\right)\mathrm{e}^{s/\rho}$，此处 $\Gamma(s)=\int_{0}^{\infty}\mathrm{e}^{-t}t^{s-1}\mathrm{d}t$，$\prod\limits_{\rho}$ 为绝对收敛的无穷乘积，其中 ρ 经过 $\zeta(s)$ 的全体非平凡零点；

5. $\zeta(s)$ 的一切非平凡零点的实数部分都等于 $\dfrac{1}{2}$。也就是说，这些零点都集中在复平面上横坐标等于 $\frac{1}{2}$ 的那条直线上面。

另外,黎曼还提出了一个素数公式。目标是要找到一个解析表达式来表示小于 x 的素数 $F(x)$。代替 $F(x)$,黎曼考虑了函数 $f(x) = \sum \frac{1}{n} F(a^{\frac{1}{n}})$,并证明公式 $f(x) = \log \frac{1}{2} + \text{Li}(x) - \sum \text{Li}(x^a) + \int_x^\infty \frac{\mathrm{d}x}{x(x^2+1)\log x}$ 成立,其中 a 对称地取遍 ζ 的非平凡根,对 $F(x)$,这意思是 $F(x) = \Sigma \mu(n) \, n^{-1} \text{Li}(x^{\frac{1}{n}})$,其中 μ 是莫比乌斯函数。

1892年,法国数学家哈达玛证明了上述的第1、第3和第4三个猜想;1894年,冯·蒙哥尔特证明了第2个猜想以及黎曼素数公式。只有黎曼的上述第5个猜想一直未能证明,现在它以黎曼猜想的名字吸引着世界许多数学家。

黎曼猜想是世界著名的数学难题,它的解决意义十分重大。半个世纪来许多人在黎曼猜想成立的前提下获得了许多重要的结论。例如,"杰波夫猜想"——当 x 为充分大的实数时,在 x^2 与 $(x+1)^2$ 之间必有素数。1979年,波兰数学家因凡涅斯与英国数学家希思·布朗得出在 x 与 $x + x^{\frac{11}{20}}$ 之间必有素数,而如果黎曼猜想被证实的话,那么就可以用很简单的方法证明在 x 与 $x + x^{\frac{1}{2}} \log x$ 之间必有素数。黎曼自己曾应用黎曼猜想证明过素数定理 $\pi(x) \sim \frac{x}{\log(x)} \sim \text{Li}(x) = \int_2^x \frac{\mathrm{d}x}{\log x}$, $x \to \infty$。在著名的希尔伯特23

个问题中，黎曼猜想被列为第 8 个问题，希尔伯特称它是"极重要的黎曼命题"。根据希尔伯特的推测，对黎曼猜想和黎曼素数公式进行彻底讨论之后，我们或许就能够去严密地解决哥德巴赫问题，即是否每个偶数都能表示为两个素数之和，并且能够进一步着手解决是否存在无限多对差为 2 的素数问题，甚至能够解决更一般的问题，即线性丢番图方程 $ax+by+c=0$（具有给定的互素整系数）是否总有素数解 x 和 y。

黎曼猜想虽然至今未能解决，但是一个世纪以来数学家们还是通过顽强的努力取得了不小的进展。贝克伦和赫歇松通过实际计算 $\zeta(s)$ 的零点，证明了不少在 $s=\lambda+it$ 的虚部 $0|t|<300$ 的范围内零点确实是在直线 $\lambda=\frac{1}{2}$ 上。1936 年，堤希玛又进一步在 $0<1<|t|<7468$ 的范围内做了验证。这类工作一直取得进展。1979 年，布伦特证明恰有 75,000,000 个零点在 $0<t<32,385,736.4$ 内，它们都在直线 $\lambda=\frac{1}{2}$ 上，且都是单零点。不过，迄今为止，关于黎曼猜想影响最大的工作还是英国哈代所做的。1914 年，哈代得出：假如不是全部的话，至少也有无限个零点在 $\lambda=\frac{1}{2}$ 这条直线上。在这一基础上，后来塞尔伯格、莱文生、赫胥黎等人都有重要推进。为了研究 $\zeta(s)$ 的值分布，1925 年，玻尔创造了概周期函数论。[1]

---

[1] 关于黎曼 ζ 函数的后来发展，读者可以查阅兰道的《素数分布原理手册》（第 1 卷，29–30 页）和吉特克马锡的《ζ 函数论》。

五、分析学与物理学

黎曼一生只活了 40 年,如果从他 1851 年获得博士学位开始科学研究起算,那么到他去世仅有 15 年。在这短暂的一生中,他以其独特的洞察力使他的事业径情直遂。

1853 年年底至 1854 年年初,与黎曼几何的创世杰作《关于作为几何学基础的假设》几乎同时,黎曼完成了《论傅里叶级数》一文。这是黎曼在分析领域树立的一面旗帜。傅里叶级数理论是 1822 年由法国大数学家傅里叶开创的。这个理论表明,广泛的一类函数可以用三角级数的形式来表示。这是十分具有吸引力的发现,它为对函数的深入研究、扩展分析学的地盘开辟了一条理想之路。然而,在使用无穷级数上引出的教训,使人不得不认真考虑函数具有收敛的傅里叶级数的条件。柯西和泊松等一些傅里叶的同胞首先研究了这一情况,可是没取得什么具体结果。于是,由于狄利克雷的关系,问题由巴黎转向柏林。

1823 年前后,狄利克雷在巴黎与傅里叶相聚,谈到了傅里叶级数的敛散性问题。在傅里叶的鼓励下,狄利克雷发表了关于这一问题的第一篇论文——《关于三角级数的敛散性》。文中,狄利克雷首次给出了代表一个给定 $f(x)$ 的傅里叶级数收敛且收敛到 $f(x)$ 的充分条件,并围绕敛散性问题对函数及其积分做了深入的讨论。现在分析学中所谓的狄利克雷函数和狄利克雷积分就是在这时候提出的。1847 年,当黎曼在柏林接受狄利克雷指导时,傅里叶级数也就成了他们讨论的中心之一。狄利克雷建议黎曼考虑由函数 $f(x)$ 写出的傅里叶级数收敛到 $f(x)$ 的重要条件。

1852 年左右,黎曼得出并证明了一个基本定理:如果 $f(x)$ 在 $[-\pi, \pi]$ 上有界且可积,则傅里叶系数

$$a_n = \frac{1}{\pi}\int_{-\pi}^{\pi} f(x)\cos nx\,\mathrm{d}x, \quad b_n = \frac{1}{\pi}\int_{-\pi}^{\pi} f(x)\sin nx\,\mathrm{d}x \qquad (*)$$

当 n 趋于无穷时趋于零。定理还表明有界可积函数 $f(x)$ 的傅里叶级数在 $[-\pi, \pi]$ 中的一点处的收敛性只依赖于 $f(x)$ 在该点邻域中的特性。关于 $f(x)$ 的傅里叶级数收敛到它的重要条件依然没有得出。不过,不久黎曼便另辟蹊径取得进展。他不用(*)来确定傅里叶级数,而是从级数

$$\sum_{1}^{\infty} a_n \sin nx + \frac{b_0}{2} + \sum_{1}^{\infty} b_n \cos nx \qquad (**)$$

出发,并设:$A_0 = \frac{1}{2}b_0$,$A_n(x) = a_n \sin nx + b_n \cos nx$。

于是级数 $\sum_{n=0}^{\infty} A_n(x) \sim f(x)$。经过一些周折,黎曼得出了一个形如(**)的级数收敛到一个周期为 2π 的给定函数的充要条件,以及在 x 的特殊值处级数收敛的判别法,而且还定义了黎曼积分,这是用于一般的不连续函数的第一个积分的定义。

19 世纪上半叶,数学家对级数的关注是分析严密化进程中的一个环节。黎曼对傅里叶级数的研究同样具有这一特征。他注视着分析学所面临的问题——函数的连续、可微、可积等概念的严密化以及这些概念相互间关系的澄清。当时,虽然波尔察诺和柯西多少已经严密化了连续和导数的概念,但是柯西以及他那个时代的数学家们几乎都相信,而且在后来 50 年中的许多教科书都"证明"连续

函数一定是可微的。这说明当时对连续与可微的关系并没有真正弄清楚。最早指出这一区别的不是别人,正是黎曼。在《论傅里叶级数》这篇论文中,黎曼定义了如下一个函数:

设 (x) 表示 x 和最靠近 x 的整数差,如果 x 在两个整数中间,则令 $(x)=0$,于是 $-\frac{1}{2}<(x)<\frac{1}{2}$;$f(x)$ 定义为 $f(x)=\frac{(x)}{1}+\frac{(2x)}{4}+\frac{(3x)}{9}+\cdots$。

黎曼证明这个级数对所有的 x 值收敛。然而对 $x=\frac{P}{2n}$(n 是任意整数,P 是一个和 $2n$ 互质的整数),$f(x)$ 是间断的而且具有一个数值为 $\frac{\pi^2}{8n^2}$ 的跳跃;不仅如此,黎曼还发现在 x 的所有其他数值处虽然 $f(x)$ 是连续的,但它在每一个任意小的区间上有着无穷多个间断点,尽管如此,$f(x)$ 又却是在整个区间上可积,而其原函数 $f(x)=\int f(x)\mathrm{d}x$ 对一切 x 连续,但在 $f(x)$ 的间断点处却没有导数。可惜,直到 1868 年以前,这个杰出的例子始终没有发表。而 1860 年,瑞士数学家塞莱里埃给出了一个连续但处处不可导的函数的例子,更引人注目的例子则于 1872 年由魏尔斯特拉斯给出。

1823 年,柯西发表《无穷小分析引论》,对定积分做了一系列开创性工作,其中的一个重要内容是明确了确定函数可积性的重要性。柯西还具体定义了函数在跳跃断点和无穷断点上的积分。但是随着分析学的发展,还有更多不规则的函数的积分需要研究,这就引出了黎曼对柯西已有的函数可积性条件的拓广性工作。黎曼确认函数连续只是这个函数可积的充分条件而非必要条件，必要条件是在给定区间上有界。根据黎曼对有界函数的积分的定义（即黎曼积分），函数可积的重要条件是，经对给定区间分割后的小区间 Δx_i（在其中 $f(x)$ 的振幅大于任给的数 λ）的总长必须随着各区间长度的趋于零而趋于零。由于有 $f(x)$ 的振幅大于任给的 λ 的条件，因此黎曼能在积分定义中去掉连续和分段连续这一要求。黎曼实际上还提出了关于函数可积性的达布定理。

黎曼积分的概念提出以后，引起了人们对构造各种具有无穷多个间断点而在黎曼意义下仍然可积的函数的兴趣。积分的概念也从有界函数推广到了无界函数，还引出了各种广义积分。到 19 世纪 70 年代，积分概念已经建立在充分广阔而严密的基础上了。半个世纪以后才出现新的积分概念——勒贝格积分。

黎曼无疑是一位杰出的纯粹的数学家，然而有趣的是，他自己却认为，他对物理学的兴趣远大于数学。关于这个问题，克莱因的看法是，两者不矛盾——兴趣在物理学，成果则出在数学。其实，把黎曼局限于数学家的地位是后人的一种片面认识。黎曼不仅在哥廷根大学当过物理学家韦伯的助手，而且还上过物理学课，出版过几本数学物理方面的书，如《偏微分方程和它在物理问题上的应用》《重力、电学和磁学》。特别是前一本书，深得物理学家的青睐，在黎曼死后 63 年还重印了一次。

黎曼在物理学方面的实质性贡献不仅有而且还不少。他先于麦克斯韦发现电磁过程（电和磁的相互作用）是以一定速度传播的，从而否定了超距作用的错误结论。1861 年，黎曼研究了在一个变化着的椭球面内的液体自身重力的运动，与此相关的一个经典性成果是，他处理了在赤道的干扰下，绕着主轴旋转的椭球的稳定性。

当然更多的工作还在于物理问题的数学化。其中最重要的贡献是 1860 年的一篇关于声波的论文。这里黎曼研究了在压力 p 依赖于密度 ρ 的情况下声波的无穷小振幅。声波方面的数学化工作又导致了双曲微分方程的一般理论。黎曼还企图将引力与光统一起来，还研究了人耳的结构。

1862 年 6 月 3 日，36 岁的黎曼同伊丽莎·康希结了婚。蜜月刚过，黎曼就生病了。先是咳嗽，并伴有低热。医生说他患了胸膜炎。这给黎曼刚开始的小家庭生活蒙上了阴影。为了有一个较好的治疗环境，康希劝他暂离哥廷根去意大利小住。1862 年年底至 1863 年年初，黎曼在西西里岛住了四个月。开春后身体稍有好转，他便趁此机会在意大利各地旅游，其间拜访了不少数学家，特别是早就想见的比萨大学教授沃利克·贝蒂。贝蒂与黎曼在关于引入 n 维空间必要性方面观点一致，因此两人谈得十分投机。后来贝蒂在研究高维图形的连通性时受到黎曼的不少帮助。

1863 年 6 月，黎曼回到哥廷根，仅住了两个月，由于病情加重不得不再去意大利。1864 年 8 月到 1865 年 10 月，黎曼住在意大利北部一面休息一面从事自然哲学研究。他本打算写一篇关于自然哲学的宏大论文，由于身体不支进展甚慢。1865 年年底，黎曼回哥廷根过冬，顺便取些资料待第二年去意大利使用。不料，当他于 1866

年 6 月到达意大利后仅一个月，病情迅速恶化。7 月 16 日他到达塞拉斯加的马焦雷湖畔诊疗所。四天后，黎曼平静地死去，遗体被安葬在皮加佐尔公墓。

（作者：袁小明）

切比雪夫

彼得堡数学学派的奠基人

巴夫卢提·里沃维奇·切比雪夫
（Пафнутий Лъвович Чебышев, 1821—1894）

让所有的人都得到智慧和地位，

真正是俄罗斯的而不是外国的。

——Л. Ф. 马格尼茨基

在彼得大帝宏伟的改革蓝图中，有一项仿效西方建立科学院的计划，然而由于种种原因，这个柏林科学院的翻版直到彼得大帝去世的 1725 年才正式建立起来。早期的院士中不乏伟大的数学家，如伯努利兄弟、哥德巴赫和欧拉等人，但是他们都是外国人。当时俄罗斯的数学土壤是贫瘠的：没有土生土长的数学家，没有能够引起世界注意的成果，没有大学，甚至没有初等数学教科书。马格尼茨基是当时致力于数学教育的学者，本文的题词就是他写在著名的《算术》一书扉页上的诗句，它清楚地表达了当时一部分先进的知识分子渴望祖国摆脱愚昧落后状态的强烈心情和建设俄罗斯新科学的决心。正是基于这样一种信念，大约一百多年以后，一批优秀的数学家聚集在圣彼得堡，以具有开拓意义的工作和鲜明的风格使这座城市光芒四射，以至德、法、英这些传统数学大国的学者们也不得不刮目相看。领导着这一数学王国、使俄罗斯数学从极端落后境地走向世界前列的就是 19 世纪俄国数学家巴夫卢提·里沃维奇·切比雪夫。

一、迷恋机械和素数的少年

1821年5月16日,切比雪夫诞生于俄国中部卡卢加省的一个贵族庄园。他的父亲列夫·巴甫洛维奇是一个退役军官,曾参加过1812年抵抗拿破仑入侵的战争;母亲阿格拉芙娜·伊万诺夫娜·波茨尼维柯娃出身名门,是个不苟言笑的女人。这对夫妇一共生了五男四女,切比雪夫排行第二。家族纪念馆里,陈列着祖辈们的勋章、绶带和战刀,在这种环境中长大的男孩子们,无疑会把效命沙场视为人间的殊荣。的确,切比雪夫的三个弟弟后来都投笔从戎,其中一个还成了著名的炮兵将军。

有幸的是,我们的主人公没有成为军人而成了学者,幸运是孕育在不幸中的。从童年时起,他的左脚就残疾了,走起路来一跛一拐的。这使父母很失望,也给他幼小的心灵带来了创伤。当其他孩子们在庄园里玩着攻占堡垒的游戏时,他却只能独坐家中,拿细劈柴、胶木板充当积木来玩。再大一些的时候,他迷上了各种机械,要么钻进磨坊,观看那嘎嘎作响的水车和磨盘的运动;要么就躲进黑暗的储藏室,摆弄那些生锈的锁、废弃的捕兽器和古老的挂钟。这种在孤寂中探索未知世界的童年生活,在很大程度上决定了他日后的道路。

苏哈列瓦娅表姐是一个娴静、端庄而又富有同情心的姑娘,她教切比雪夫法文、音乐和算术。晚年的切比雪夫经常回忆起当年的情景,对这位启蒙老师怀着极深的感情,他一直把表姐的相片珍藏在身边。

切比雪夫 11 岁那年,父母带领全家迁居莫斯科。

1828 年,政府颁布的学校规章恢复了严格的等级制度:一般中学以神学、希腊和拉丁文为主要科目,而像皇村、里舍列夫那样的贵族寄宿学校,则是纨绔子弟们麇集的场所,因而雇佣一个好的家庭教师是上流社会里最稳妥的教育子女的办法。

切比雪夫的双亲为孩子们请到了一位出色的家庭教师。波戈列利斯基不但聪明睿智、广见博闻,而且还是几本颇为流行的初等数学教科书的作者。他最喜欢这一家里那个腿有些跛的男孩子,建议他去读古希腊学者欧几里得的《几何原本》。这部古代数学名著一下子攫住了少年切比雪夫的心,那宏伟的逻辑结构、严密的演绎推理以及令人眼花缭乱的定理和图形深深地吸引了他。然而最使他神往的还是书中关于数论的那三章了,因为波戈列利斯基先生告诉他,当代最伟大的数学家高斯讲过:"数学是科学的女皇,而数论是数学的女皇。"

当他读到第九章第二十个命题时,不禁从心底发出对数学力量的赞美。"没有最大的素数",这意味着只能被自身和 1 整除的自然数有无穷多,他钦佩欧几里得深刻的洞察力和灵巧的证明方法,深感素数的分布奥妙无穷。

这种来自心灵深处的震颤对他的一生产生了巨大的影响。1837 年,16 岁的切比雪夫怀着虔诚与崇敬的心情踏进了一座科学殿堂,成为莫斯科大学哲学系物理数学专业的学生。

二、从经典分析到概率论

莫斯科大学是俄国最古老的一所高等学府，由罗蒙诺索夫于 1755 年所创造，当初仅设哲学、法律、医学三个系，物理与数学时而附属于哲学系，时而独立门户。

年轻的切比雪夫在杰出的数学教育家勃拉什曼的指导下开始了正规的数学训练。勃拉什曼生于捷克斯洛伐克的摩拉维亚，1834 年到莫斯科大学任教授，1855 年成为彼得堡科学院的通讯院士。他的主要贡献在水利学和最小作用原理方面，数学上特别擅长连分数的理论和计算。切比雪夫后来写过一封信，把自己利用连分数把函数展开成级数的工作归于勃拉什曼在课堂上和私人谈话中给予的启示。该信于 1865 年 9 月 30 日在莫斯科数学学会的会议上宣读，勃拉什曼是这个学会的创始人。

在大学的最后一年，切比雪夫写了一篇题为《方程根的计算》的论文，提出一种建立在反函数的级数展开式基础上的近似解法，从而获得系里该学年度的银质奖。

1841 年春，切比雪夫毕业于莫斯科大学，开始攻读硕士学位。但是生活并不是一帆风顺的。由于灾荒，他们家在卡卢加省的庄园破产了，父母不仅不能向他提供继续深造的费用，反而还要把两个未成年的弟弟交给他教育和抚养。切比雪夫靠着微薄的研究生津贴度日。五年过去了，他不仅以优异的成绩获得硕士学位，而且还把两个弟弟相继送进彼得堡炮兵学院。

小弟弟弗拉基米尔·里沃维奇是这个家族的又一骄傲，他后来成了炮兵学院的教授兼将军，在机械理论和武器制造方面颇有造诣，是第一个指出机械加工表面微震动原因的学者。他与哥哥始终保持着极亲密的关系，切比雪夫的第一个论文集，就是由他整理和出资刊行的。

当时数学界有两家权威的刊物，都叫《纯粹与应用数学杂志》，由于创办人的不同也有人把它们分别称为《格列尔杂志》和《刘维尔杂志》[1]。世界上任何一个有名望的数学家，都以能在这两家刊物上发表文章为荣。还在当研究生的切比雪夫，于 1843 年、1844 年相继在两家刊物上发表了论文，前一篇是关于多重积分的，后一篇是关于泰勒级数的收敛性的。这两项工作标志着他在经典分析领域已具备相当扎实的基础。但踌躇满志的切比雪夫锋芒一转，他要去啃概率论这个坚果了。

概率论是研究随机现象的数量规律的一门科学。它最初产生于推测赌博输赢的问题，后来逐渐被应用到人口统计、法律诉讼和保险等事业上，到法国数学家拉普拉斯出版《概率论的分析基础》一书的时候，这门学科已初具规模。但是，由于早期的某些研究者过分强调它在伦理科学中的作用和企图以此来阐明"隐蔽着的神的秩序"，也几乎断送了它作为一门精密科学的前途。

切比雪夫是在概率论门庭冷落的年代从事这门学问的。他一开始就抓住了古典概率论中具有基本意义的问题，即那些"几乎一定要发生的"事件的规律——大数定律。

---

[1] 分别由德国人格列尔于 1826 年、法国人刘维尔于 1836 年创办。

历史上的第一个大数定律是由瑞士数学家雅各·伯努利提出来的，后来法国数学家泊松证明了一个类似而条件更宽的命题，除此之外在这方面没有什么进展。1845年，切比雪夫在其硕士论文《试论概率论的初等分析》中，借助很初等的工具——$\ln(1+x)$的麦克劳林展开式，对伯努利大数定律做了精细的分析和严格的证明。次年，他又把结果拓广到泊松形式的大数定律。这年夏天，切比雪夫正式通过了论文答辩，获得硕士学位。他以精确的分析手段研究大数定律，不但使概率论脱去了神学的外衣，而且开始了研究方法上的一系列变革，从而把这门学科推进到现代化的门槛。

二十余年后，切比雪夫重新回到这一课题，在1867年发表的《论平均数》中进一步讨论了作为大数定律的极限值的平均数。1887年，他发表了更为重要的《关于概率的两个定理》，开始对中心极限定理进行研究。

在这一系列的研究中，他首先引出并倡导使用的随机变数，后来成了概率论与数学统计中首屈一指的概念。他创立的"矩方法"解决了许多难题，直到今日仍被广泛应用。导致产生这一方法的，是他在1882年建立的一个著名不等式，这个今日冠以切比雪夫大名的不等式断言：若ζ是一随机变量、a是其平均数、σ^2是$|\zeta-a|^2$的平均数，则对任何正数k，使$|\zeta-a| \geq k\sigma$成立的概率不超过$\frac{1}{k^2}$。这一关系后来成了一系列更为精确地估计概率的不等式的先导。切比雪夫的学生马尔科夫后来对"矩方法"做了某些补充，圆满地解决了随机变量的和收敛正态的条件问题；另一个学生李雅普诺夫把"矩方

法"发展为特征函数法,他的工作成了中心极限定理研究中的真正转折点。

切比雪夫还提出了估计中心极限定理中有关收敛速度的课题。他猜想:在一定条件下,有可能依照 $n^{-\frac{1}{2}}$ 的方幂渐近展开独立随机变数和的分布函数,这里 n 是和中的项数。这一猜测,完全被后来的研究所证实和解决。20 世纪 40 年代,有人解决了收敛速度的一致估计问题,60 年代则有人从事分布函数的渐近展开。近年来,我国年青一代的概率统计工作者,又把这些成果改进到更广泛的场合。

应该指出,切比雪夫所从事的大数定律和中心极限定理的研究,还是属于概率论的古典极限定理范畴。当时这门学科的逻辑基础尚未奠定,一些重要的理论工具如集合论、测度论也不具备,甚至概率自身的古典定义中也隐伏着循环推理的致命内伤,贝特朗悖论[1]又使几何概型陷入困窘的境地。切比雪夫正是在这种荆棘丛生、危机四伏的环境中开出一条新路的。他所完成的方法论方面的基本变革不仅提出了满足于严格证明的要求,而且能够随时精密地估计试验的结果,他引出的一系列基本概念和课题为俄国数学家所继承和发展。以 20 世纪 30 年代柯尔莫哥洛夫建立概率论的公理体系为标志,俄国在概率论领域获得了无可争辩的领先地位。第二代极限理论——无穷可分分布律的研究也出现在切比雪夫的故乡,经辛钦、

---

[1] 贝特朗是法国数学家,他提出的在圆内作弦、使其长超过内接等边三角形边长的概率问题,从不同的思考角度出发可以得到三种互相矛盾的结果。

格涅坚科等人完善，成为古典极限定理在20世纪抽枝发芽的繁茂大树。如果切比雪夫冥中有知，一定会含笑九泉的。

三、欧拉选集和数论

1846年，切比雪夫做出了一个对其日后科学生涯至为关键的选择——接受了彼得堡大学的助教职务。

经过一百多年的建设，彼得堡早已不像当年那样空旷荒凉。涅瓦河上架起了几十座铁桥，市区和彼得罗巴夫洛夫斯克要塞之间铺成了俄国唯一的一条铁路，凝聚着古典美和俄罗斯风格的海军大厦的尖顶直指苍穹，冬宫和夏园则堪与凡尔赛相媲美。然而它在文化教育上的地位还不能与故都相比。1804年彼得堡才有了一所国立师范，1819年改为彼得堡大学，其声名和设备都远远逊于莫斯科大学。在囿守传统的俄国知识分子眼里，彼得堡是军人和政客的天地，俄罗斯文化的精华还在昔日的都城莫斯科。

但是彼得堡大学有两位出类拔萃的数学教授，他们对年轻的切比雪夫具有难以抗拒的吸引力。

奥斯特洛格拉德斯基在哈尔科夫大学读书时，由于反宗教的观点未能获得毕业证书。后来他到巴黎深造，亲承拉普拉斯、傅里叶、柯西等大师的教诲，在理论力学、概率论与数论方面都有精湛研究，尤其擅长积分计算，关于体积分和面积分关系的著名公式就是他发现的。他也是一位优秀的教育家和组织者，写过不少数学教科书，1830年被选为彼得堡科学院院士。

布尼亚科夫斯基也是在巴黎学成后回国任教的，同样在1830年被选为科学院院士。此时他正在准备出版自己的《概率论的数学理论基础》,他对切比雪夫在硕士论文中表现出来的精确分析手法十分欣赏。在数论方面,他对叠合与二次互反律都有独到的研究。他热心地参加和主持教育改革委员会,对制定俄国中等和高等数学教育大纲和数学术语的规范化起了重要的作用。

在彼得堡大学的青年教师中,切比雪夫很快就显得鹤立鸡群。1847年春天,他在题为《关于用对数积分》的晋职报告中,彻底解决了奥斯特洛格拉德斯基不久前才提出的一类无理函数的积分问题,他所得出的关于二项式微分式积分的条件和方法,今日已被写进任何一本数学分析教科书之中。在这一工作中,他也接触到了少年时代就为之神往的数论问题。然而更强烈的刺激还在后面。

切比雪夫到彼得堡工作前两年,大数学家欧拉的曾外孙、身为科学院秘书的富斯,在科学院的档案中发现了大批欧拉生前未曾公开过的数学手稿,科学院决定立即组织人力编辑出版欧拉选集。布尼亚科夫斯基后来推荐切比雪夫担任数论部分的实际编辑工作。1849年,关于数论方面的欧拉选集在彼得堡正式出版。

正是在这件看来烦琐枯燥的工作中,切比雪夫体会到了科学巨人深邃的思想和高度的技巧结合起来的神奇与美妙。欧拉引入了一个ζ函数证明所有素数的倒数和发散,这实际上给出了素数有无穷多的又一个简单证明。少年时代的激情在他胸中重新涌起:ζ函数对于神秘的素数分布规律来说,也许正是那"芝麻——开门"的咒语。

素数分布的规律,这个数论中的基本问题,自欧几里得以来还没有什么实质性的进展。如果以 $\pi(x)$ 表示不大于 x 的素数的个数，所谓素数分布的问题就是要找出一个用 x 来表示的 $\pi(x)$ 的公式。法国数学家勒让德和高斯分别研究过 400,000 和 3,000,000 以内的素数表，猜测过关于 $\pi(x)$ 的一些性质：前者认为 $\pi(x) \approx \dfrac{x}{\ln x - A}$，其中 A=1.08366；后者断言 $\pi(x)$ 与 $\int_2^x \dfrac{\mathrm{d}t}{\ln t}$ 的值非常小，他们都猜测 $\lim\limits_{x \to \infty} \dfrac{\pi(x)}{x/\ln x} = 1$。最后这一猜测就是著名的素数定理，但是连高斯这样的巨匠也没能给出证明。

当时在德国，正由狄利克雷、稍后由黎曼领导着一场革新数论方法的运动。他们大力倡导在代数方法之外应用分析学的手段研究这门古老的学问。其实这种思想在欧拉的著作中已现端倪：他引入的 ζ 函数正是来自分析学的一个结果。因而兼具分析之长和谙熟欧拉思想的切比雪夫，在俄国成为这一场数论方法论革新运动的呼应者就毫不足奇了。

大约在编辑欧拉选集时，他就开始了对素数定理的研究。在两年多的时间里，他相继搞清了若干重要的问题：他指出勒让德公式中的最佳逼近值 A 不是 1.08366 而是 1；他利用 ζ 函数证明了高斯的猜测 $\pi(x)$ 与 $\int_2^x \dfrac{\mathrm{d}t}{\ln t}$ 甚为接近；他给出了精确的估计式 $0.92129\cdots < \dfrac{\pi(x)}{x/\ln x} < 1.10555\cdots$；最后，他在假定 $\dfrac{\pi(x)}{x/\ln x}$ 极限存在的前提下，

证明了 $\lim\limits_{x\to\infty}\dfrac{\pi(x)}{x/\ln x}=1$，几乎证明了素数定理。[1]

所有这些成果，都被写进他的博士论文《论同余式》中。1849年5月27日，彼得堡大学为他举行了答辩，报告引起震动。他不但获得了博士学位，还被科学院授予最高的数学荣誉——杰米多夫奖。

第二年，他又向科学院提交了另一篇更重要的数论论文《论素数》，在进一步完善上述结果的同时，他又引入的两个函数 $\Theta(x)=\sum\limits_{p\leq x}\ln p$ 和 $\Phi(x)\sum\limits_{n\leq x}\Lambda(n)$，它们在数论中有重要作用，如今被人称为切比雪夫函数。另外，他在该文中还顺便解决了关于素数分布规律的又一猜测：对于任何大于 $\dfrac{7}{2}$ 的数 x 来说，在 x 与 $2x-2$ 之间至少存在一个素数。这一猜测是法国数学家贝特朗（就是上一节所提到的制造了一个几何概型方面的悖论的人）在1845年通过观察素数表做出的。但是无论是他本人还是其他的数学家，都未能对这一貌似简单其实深刻的命题给出理论证明。

这两篇论文奠立了切比雪夫在科学界的地位，也标志着俄国数学家在数论领域开始走向世界前列。若干年后，它们被不断地翻译成各国文字，成为解析数论方面不朽的经典文献。

---

[1] 1896年，法国数学家哈达玛把欧拉和切比雪夫应用在实数范围的 ζ 函数推广到复数领域，用复变量的整函数理论证明了 $\dfrac{\pi(x)}{x/\ln x}$ 极限的存在性，从而最终完满地证明了素数定理。

四、瓦特连杆和函数逼近论

1852年7月,切比雪夫接受了一项使命,到西欧进行数学和技术的综合考察。如同当年的彼得大帝一样,他怀着新奇和激奋的心情踏上了异国的土地。然而他已无须忍受漫长道路上的颠簸和驿站里臭虫的袭扰,蒸汽机车代替了四轮马车。世界像列车一样地向前奔驰,他在工业革命的发源地获得了新的创造灵感。

当车轮与铁轨的撞击在夜空发出催人入眠的单调声响时,切比雪夫却在为一个崭新的数学问题苦思冥想:如何描述蒸汽机的关键部件瓦特连杆的运动,以便建立一种直动与转动互换的理论和算法?更一般地讲,是否存在着一种数学工具可以把复杂的机械运动用数学形式表示出来?

在大约半年的时间里,他一有空就钻进技术博物馆,观察和分析各种各样的机械。在巨大的荷兰风车旁,他像一个孩子看到了新奇的玩具一样地流连忘返。在一家大型机器厂里,他满手油污,把传动齿轮拆了又装、装了又拆。他自幼就对机械有一种异乎寻常的热情,在莫斯科大学曾选读过机械工程课;就在出国之前,他还兼任过彼得堡大学应用知识系(准工程系)的应用力学课讲师。这个当年在磨坊里消磨时光的跛脚少年和未来俄国数学王国里的彼得大帝,此时正在构思着函数逼近论的基本思想。

他设想有一种理想的机器,当它运转时其上的某一点画出一条理想的曲线$f(x)$;但工程师设计出来的机器往往只能得到一条近似的曲线g,就像瓦特连杆只能近似地将圆变为直线一样;再假

定全部零件的参数 a_1、$a_2\cdots$、a_n 完全确定了机器，那么 $g(x, a_1, a_2\cdots, a_n)$ 就表示实际机器上相应点的运动曲线。切比雪夫提出用 $\max|f(x)-g(x, a_1, a_2\cdots, a_n)|$，即理想曲线与实际曲线差的绝对值的极大值作为设计的标尺，显然它是参数 a_1、$a_2\cdots$、a_n 的一个函数，函数逼近论的中心问题就是要寻找使这一函数取最小值的一组参数。

如果上述曲线 g 由一个多项式表示，那么使得设计标尺达到最小的 $g(x)$ 就叫最佳逼近多项式。切比雪夫论证了最佳逼近多项式的一系列性质，引入了切比雪夫交错组和符号判别法，证明了具有切比雪夫交错组的多项式即最佳逼近多项式。不仅如此，他还找到了 $T_n(x)=\cos(n\cdot\arccos x)$ 这样一个与零偏差最小的最佳逼近多项式。为了纪念他所做出的这些奠基性的工作，现在人们就把 $T_n(x)$ 叫作切比雪夫多项式，把若干关于最佳一致逼近的定理叫作切比雪夫定理，把最佳一致逼近叫作切比雪夫逼近。

回国以后，切比雪夫很快就向科学院提交了这方面的研究报告，第一篇关于函数逼近论的论文于 1854 年正式发表。从此他在相当长的一段时期内致力于这一分析学的未知领域的探索，数十年内硕果累累。除了一致逼近，他又研究了平方逼近、三角多项式逼近和有理函数逼近等课题。这些成果又与多项式理论、正交理论、矩阵论、内插法、近似积分、误差估计等内容密切联系，极大地丰富了 19 世纪分析学的内容。

这一开拓性的工作很快就引起了世人的注意。德国数学家魏尔斯特拉斯、李普希茨以及切比雪夫的门生科尔金、佐洛塔廖夫等人相继为这门崭新的数学分支做出了重要贡献。进入 20 世纪以来，以法国数学家波莱尔和俄国数学家伯恩施坦为代表的现代逼近理论大放异彩，成为数学园地中一枝奇艳的花朵。

函数逼近论的诞生是数学来源于实践的一个有力证明，下一步是实践向数学索取报酬了。的确，由于有了先进的数学工具，切比雪夫得以建立许多关于机器设计的理论和算法，例如直动机的理论、连续运动变为间断运动的理论、最简平行四边形法则、绞链杠杆体系成为机械的条件、三绞链四环节连杆的运动定理、离心控制器的原理等。依靠这些理论和算法，切比雪夫亲自设计和制造新的机器。据统计，他一生共设计了四十多种机器和八十多种这些机器的变种。其中有精巧的步行机，可以惟妙惟肖地模仿动物行走的动作；有奇特的划船机，可以完成船桨不断变换角度的复杂运动；有别具一格的曲尺和曲线规，可以量度圆弧的曲率和绘制直径很大的圆弧；还有压力机、筛分机、选种机、自动椅以及大量的计算机。他的许多新发明曾在 1878 年的巴黎博览会和 1893 年的芝加哥博览会上展出，引起各界人士的极大兴趣。现在俄国科学院数学研究所、莫斯科历史博物馆和巴黎艺术学院都藏有若干切比雪夫发明的机器或仪器。

理论联系实际，不仅体现在切比雪夫对函数逼近论与机器设计的研究中，而且可以说是贯穿他全部科学工作的一个鲜明特点。从西欧出访归来不久，他就被选为彼得堡科学院应用数学部的主席，这个位置直到他去世后才由李雅普诺夫接任。1852 年至 1856 年他受聘在亚历山大学院讲授应用力学，同时他与莫斯科技术学院（现鲍莫技术学院）保持着密切联系。

1856年，切比雪夫被任命为炮兵委员会的成员，积极参与制定了革新俄军炮兵装备和技术的计划。1867年，他提出了一个计算圆形炮弹射程的公式，立即为军队所采用。他关于插值理论和二次型的数学研究，就起因于分析弹着点试验数据和弹道计算的需要。

1856年，彼得堡大学举行一年一度的教授联席会议时，切比雪夫做了《论地图制法》的著名报告。他说："理论与实践接近，便产生最好的结果。受益的不仅是实践方面，就是理论科学本身也将受刺激而发展起来，因为前者替它揭示了新的研究对象或已知对象的新侧面。"正是在这篇演讲中，他提出了减少投影误差的详尽讨论。

1878年，切比雪夫应邀出席法兰西科学院第七次年会，在他提交的四篇论文中竟有一篇名为《论服装裁剪》，文章提出了合理用料的数学解，引起了学者们的很大兴趣。回到彼得堡后，他还亲自跑到裁缝们那里，指导他们合理用料的方法。这一研究进一步启发了他在曲面论方面的创造灵感，他接着考察了一种具有平行网格的"布"包裹曲面的问题。"切比雪夫网"今日已成了微分几何中的一个术语。

尽管切比雪夫是如此的多才多艺，但他从不把已经取得的成就归于天赋。在去世前不久，有一次他对一个学生瓦西里耶夫半开玩笑地谈起了对数学发展的看法，他说："早先人们只知道数学发展有两个阶段：在第一个阶段里，数学是由神建立的，像德罗斯祭坛的故事就说明如此[1];在第二个阶段里,数学是由一些半人半神所建立的,费马、帕斯卡就是这样的怪物。现在我们到了第三个阶段:数学为社会实际需要所建立。"当然,数学从一开始就是由实践所决定的,切比雪夫要强调的是这一观念在工业革命的时代显得比以往更为突出,这一朴素的唯物主义思想正是他毕生从事科学事业的一个基本信念。

五、献身于教育与科学

切比雪夫是一个杰出的教育家。他自 1846 年接受彼得堡大学的助教职位、次年擢为高等代数和数论的讲师、1850 年升为副教授、1860 年成为教授,直到 1882 年退休,在这所大学执鞭达 35 年。退休之后,他还继续进行研究并对青年数学家进行指导。他有 15 篇论文是在 1882 年以后发表的;直到临终前几天,他还在指导一个学生格拉维将自己不久前刚获得的平面曲线弧长的近似公式推广到空间的工作。

35 年间,他教过十余门课程,遍及数论、高等代数、积分运算、椭圆函数、有限差分、概率论、机械工程、分析力学、傅里叶级数和函数逼近论等分支。他的讲课深受学生们的欢迎,他决不进行经院式的长篇说教,而总是力求阐明最基本的概念和对有关背景

---

[1] 相传公元前 5 世纪,古希腊德罗斯岛瘟疫流行,人们求告于阿波罗神消灾除难,祭司借神之口说:"尔等须把神殿前的立方体祭坛扩充一倍。"这就是有名的"倍立方"问题,它与"三分角""化圆为方"一起,成为古希腊数学史上著名的三大作图难题,直到 17 世纪以后才被人证明为是不可解的。

及方法给出精辟的评论。李雅普诺夫说:"他在课堂上附带给出的一个评论,往往恰与听讲者冥冥中苦思的某个问题有关,因为他早就在留意学生们的思想活动。因而,这种讲课具有强烈的感染力,每堂课都能使人获得宝贵的知识。"

1872年,切比雪夫在彼得堡大学任教25周年。为了表彰他为教育事业做出的贡献,彼得堡大学授予他功勋教授的称号。

从1856年起,切比雪夫还参加了教育部属下的全俄中等教育改革委员会,和奥斯特洛格拉德斯基、布尼亚科夫斯基等人一起,草拟中学教学大纲、制订新的教材。据统计,经切比雪夫审阅的各种数学、物理和天文学教材达二百余种。这说明他不仅关心高级科学人才的培养,也致力于整个民族科学文化的普及与提高。

1853年,切比雪夫被选为彼得堡皇家科学院的候补院士,同时兼任应用数学部的主席,1856年成为副院士,1859年成为院士,这一年他不过38岁。国外的荣誉也纷至沓来:1860年切比雪夫当选为法兰西科学院的通讯院士,1871年为柏林皇家科学院的通讯院士,1877年为伦敦皇家学会所接受,1880年和1893年则分别为意大利和瑞典皇家科学院所接受。同时他也是全俄罗斯所有大学的荣誉成员和彼得堡炮兵科学院的成员。

在所有的外国科学团体中,切比雪夫与法国科学院的交往最为密切。他曾三次赴巴黎出席该院的年会,每次都提交三四篇论文。他与法国数学家卡塔兰、达布、刘维尔以及德国数学家克罗内克、魏尔斯特拉斯保持着经常性的学术联系。在他死后的遗物中,还发现了他同埃尔米特、柯西、克雷蒙纳、萨律等人的来往信件。他一生曾先后六次出国考察、访问或出席学术会议，这些广泛的国际交流，不但对他自己的研究起了推动作用，而且为俄国数学界在国外赢得了声誉。

切比雪夫也以充沛的精力和饱满的热情活跃在国内各种科学团体和会议上。他是彼得堡和莫斯科两地数学会的热心赞助者。他发起召开的全俄自然科学家和医生代表大会，对于促进俄国科学界之间的相互了解和扩大科学在民众中的影响起到了历史性的作用，也加速了彼得堡数学学派的形成。

在历次会议上，切比雪夫报告了一系列精彩的论文，同时他总是及时地发现和扶植年轻的科学人才，他把这种盛会看成是培养新一代科学家的大课堂。

1869 年，在莫斯科召开的第二次代表大会上，工程师马耶夫斯基报告了关于用实验方法得到的椭圆形炮弹飞行中阻力问题的结果。可惜他只讨论了一种极特殊的情况，而一般情况的理论分析对于这位工程师来说是非常困难的。在切比雪夫的细心指导下，他后来终于获得了一般的计算公式，成为当时国际上最好的结果。

两年后的第三次代表大会上，切比雪夫碰到了两个年轻的数学家：叶尔马可夫和布加耶夫。前者发现了一种级数收敛判别法则，其简洁和有效都在当时已知的其他判别法则之上。切比雪夫高兴地肯定了这一成果，并进一步提出它与微分方程特解判别法之间的联系，为更深入的研究指明了方向。后者关于数值导数的应用的文章也有新意，但处理数值函数的方法过于繁复，切比雪夫当年的论文《论素数》恰好解决过类似问题。在他的指点下，布加耶夫茅塞顿开。

切比雪夫关怀青年学者的事例莫过于他对女数学家柯瓦列夫斯卡娅的帮助与支持了。柯瓦列夫斯卡娅是一个传奇性的女性，她为了获得在俄国不可能得到的接受高等教育的权利，在18岁那年从优裕的家庭出走，与人缔结形式婚约到德国上大学。后来她成为魏尔斯特拉斯的入室弟子，1874年成为世界上第一个女数学博士。1879年，柯瓦列夫斯卡娅在第六次自然科学家和医生代表大会上曾做《关于阿贝尔积分》的报告。两年后在第七次大会上，她又报告了关于晶体中光线折射现象的结果。1888年又由于成功地解决了刚体绕定点转动问题荣获法兰西科学院的布尔丁大奖，成为轰动一时的新闻。但是对于这位给俄国带来世界声誉的女学者，愚昧的沙皇政府却以种种借口阻挠其回国工作，因为她不但是一个女人，而且具有强烈的民主主义倾向。这时，切比雪夫挺身而出，与布尼亚科夫斯基等人联名向科学院推荐她为通讯院士。这一动议在1889年11月16日的院务会议上引起了激烈争论，最后以二十票对六票获得通过。

有趣的是，切比雪夫尽管对柯瓦列夫斯卡娅给予巨大的支持，他们在学术上却各持一端，每次见面都要争得面红耳赤。这种争论，实际上是以魏尔斯特拉斯为首的柏林数学家同以切比雪夫为代表的彼得堡数学家之间分歧的表露。切比雪夫认为魏尔斯特拉斯只是抽象地提出问题，把积分从一种形式变换成另一种形式，最后并不能具体地解决问题；魏尔斯特拉斯则批评切比雪夫忽略对一般规律的研究和陈述的规范化。

应该承认，魏尔斯特拉斯的批评是不无道理的。在函数逼近论的研究中，由于切比雪夫更多地把注意力放在找出具体的最佳逼近多项式上，而忽略了这种多项式是否一定存在的问题，正是魏尔斯特拉斯后来证明了其存在性。联系到切比雪夫在素数定理的工作中也留下了一个存在性的尾巴，可以看出他在研究工作中相对薄弱的一个环节：过分强调实用性而不够注意某些存在性问题。否则，以他的才力和知识面而言，定会取得更为辉煌的成就。这也是值得我们今日在处理理论与实践关系时引以为鉴的。

第六次代表大会是俄国数学界的空前盛会，一大批新人崭露头角，他们之中有的是彼得堡大学的毕业生，有的是得益于切比雪夫教诲的其他地方的青年学者，一时风云际会、群贤一堂。看到自己培养出来的学生登上科学讲坛，切比雪夫感到由衷的喜悦与骄傲。

切比雪夫终身未娶，日常生活也十分简朴，他的一点积蓄全部用来买书和制造机器的设备。每逢假日余暇，他也乐于同侄儿侄女们玩上一阵，但他最大的乐趣还是与青年人谈论数学。1894年11月底，他的腿疾突然加重，思维也出现障碍，但他还是要求自己的研究生按时前来讨论问题。1894年12月8日上午9时，这位令人尊敬的老人在自己的书桌前溘然长逝。他既无子女也无金钱，但他给全人类留下了一笔不可估价的遗产——一个辉煌的学派。

六、彼得堡数学学派

19世纪数学的一个特点是学派的兴起。

诞生在资产阶级大革命风暴中的法兰西学派仍然雄踞着数坛，

他们勇于抛弃旧的框框,极富创造精神,在函数论、数学物理、群论和新的综合几何学方面占有巨大优势。具有哲学传统的德国人特别注意数学的基础问题,"算术化"成了柏林学派的重要特征。另外,德国数学家不像法国同行那样都集中在首都,波恩、莱比锡、哥廷根都有知名学者;尤其是最后这座城市,不久就要取代巴黎成为数学的耶路撒冷。英国人也开始从故步自封中觉醒,1812 年在牛顿的母校有一群年轻人竟敢冒着亵渎神圣的罪名去推广大陆的微积分记号[1],这一世纪中他们在代数方面获得了巨大的成就。在文艺复兴的故乡,以几何与拓扑为突破口的新意大利学派正在成长……

当然,任何企图用三言两语来说明一个学派特点的做法都难免失于偏颇。衡量一个学派是否成熟,起码应从以下三个方面进行详细考察:(1)是否拥有德高望重的领袖和人才济济的阵容;(2)是否具有开拓性的工作和影响深远的成果;(3)是否形成了独特的学术风格。

按照沃尔特拉的意见,新意大利学派诞生于 1858 年布廖斯奇、贝蒂到德、法两国的工作旅行[2]。但是在俄国历史上却很难找到一个事件作为彼得堡学派呱呱落地的标志。它可以远溯到欧拉的应召前来,与布尼亚科夫斯基和奥斯特洛格拉德斯基留法回国从事教育也

---

[1] 指剑桥大学的皮考克、巴贝奇、小赫歇耳等人发起的分析学会和推广莱布尼茨符号系统的运动。由于英、德数学界长期以来为微积分的发明权争吵不休,所以这一运动当时遭到保守势力的强烈攻击,后来终于获得胜利。

[2] 布廖斯奇、贝蒂都是意大利学派的创始人,这一学派几乎与彼得堡学派同时形成,其代表人物还有克雷蒙纳、贝特拉米,沃尔特拉则是这一学派的第二代数学家。

不无关系，但最终它是伴随着切比雪夫几十年舌耕笔耘的生涯成长壮大的，到19世纪末俄国终于形成了一支可观的数学攻坚力量，切比雪夫是这一派学人当之无愧的领袖。

马尔科夫和李雅普诺夫可谓是切比雪夫的左膀右臂，他们分别于1878年和1880年毕业于彼得堡大学数学系。马尔科夫在毕业的当年即以连分数解微分方程获金质奖，一生著述七十余种。他在概率论中除发展"矩方法"、扩大了极限定理的应用范围外，还开创了一种无后效性随机过程的研究，被人称为马尔科夫过程，在物理、化学、生命过程和公用事业中都得到广泛的应用。李雅普诺夫在数学物理中钻研位势理论，开拓了微分方程稳定性理论的方向。他后来到哈尔科夫任教，使那里成为俄国又一个数学中心。

科尔金和佐洛塔廖夫在函数逼近论方面的贡献我们已提到。他们分别是彼得堡大学1858年和1867年的毕业生，还曾合作解决了含五个变量的正定二次型的最小值问题，又都擅长代数与数论。

索霍茨基，1866年毕业，发现了复变函数论中的索霍茨基－魏尔斯特拉斯定理，弄清了本性奇点邻域内的函数性质，还在极一般的条件下研究了柯西型积分的边值问题。

波瑟，1868年毕业，擅长数学分析，在正交函数和定积分的计算方面有特殊的造诣。

格拉维，1885年毕业，博士论文讨论制图投影，找到了球在平面上的所有可能的等效投影，证明了切比雪夫提出的关于在地图上表示最佳投影的定理。以后专攻代数和群论，成为俄国在代数领域的开创者。

伏罗诺伊，1889年毕业，博士论文是《连分数算法的一个总结》，后与德国著名数学家闵可夫斯基共同创立数的几何学，在多角形理论和级数求和方面的工作也很出名。

许多并非彼得堡大学出身的青年也深受切比雪夫的影响。交通道路学校的沙图诺夫斯基为了听切比雪夫的课，特意到彼得堡大学做旁听生，后来成了敖德萨数学学派的先驱。海洋学院的克雷洛夫利用切比雪夫提出的近似公式，得到船舶设计方面的重要结果。莫斯科大学的茹可夫斯基在解析函数和偏微分方程方面曾得益于切比雪夫的指教，后来成了现代流体力学的创始人和俄国航空之父。斯捷克洛夫在哈尔科夫跟随李雅普诺夫学习，在函数论、微分方程、数学物理方面都有出色贡献，并成为彼得堡学派在十月革命以后的重要传人。

正是这些奋发有为的后起之秀，把切比雪夫在概率论、数论和函数逼近论中开创的事业继承下来，并将俄国数学在这三个领域中的优势一直保持到20世纪，又与微分方程、数理统计、函数构造、泛函分析、近似计算等分支纵横交错、左勾右连，成为这一学派大显身手的广阔天地。

那么，彼得堡学派独特的风格是什么呢？我们大致可以归纳成如下的四点：

1. 重视基础理论，善于以经典课题为突破口。

切比雪夫从经典分析起家，在多重积分和泰勒级数方面做了一些工作后转到概率论，并在一开始就抓住了当时这门学科中最本质的内容大数定律和中心极限定理。由于熟悉欧拉等前代大师的著作，他在数论研究中能够果断地选择意义重大的素数分布问题作为攻坚对象。他对逼近论的研究则是建立在对实数理论的严密逻辑基础深刻的认识上。这种重视基础理论和经典课题的作风在他的后继者们那里得到了进一步的发扬光大。维诺格拉多夫首创三角和方法研究哥德巴赫猜想、盖尔方德解决希尔伯特第 7 问题、柯尔莫哥洛夫奠立概率论的公理化基础等事例，都可以说是这一传统的突出表现。

2. 理论联系实际。

这是任何一个有成就的数学学派都具有的特点，只不过在切比雪夫和他的学生们那里更为明显罢了，函数逼近论和机器设计的相得益彰就是最有说服力的例证。切比雪夫对于有关的数学结果，总是追求精确的表达式，实在不能得出的则给出近似公式和误差估计。著名的切比雪夫不等式是在看不出实际用途的数论领域中推出的，如今成了概率论中不可缺少的工具。他交给李雅普诺夫的旋转液团在平衡状态下形状的课题，导致了运动稳定性理论的建立。

3. 擅长运用初等工具建立高深的结果。

从步入科学殿堂之初，切比雪夫的工作就显示了简单化和初等化的风格。幂级数和连分数在他手中运用自如，常常在深奥莫测的数学土壤上结出令人惊诧的奇花异果。马尔科夫、伏罗诺伊以及后来的辛钦应用连分数于差分理论和复变函数，获得许多有意义的结果。这种本领是建立在扎实的基本功和敏锐的洞察力的基础上的。

4. 以大学为阵地，科研与教学密切结合。

像许多优秀的数学学派一样，彼得堡学派是深深地扎根在大学的沃土上的。切比雪夫从年轻的大学生那里汲取创造的灵感，学生们则从他那里得到启发。切比雪夫和他的弟子们从不把教学看成是科研的负担，而是力图在课堂上向学生们阐明最新的科学思想。斯捷克洛夫对李雅普诺夫的第一堂课有过生动的描述："这一位与我们班上同学中差不多同年的青年人……在一个钟头内征服了这批怀有偏见的听众。"[1] 而根据李雅普诺夫当年的听课笔记整理的切比雪夫的概率论讲义，出版后成了这门学科的重要文献。

十月革命以后，以斯捷克洛夫为首的一批数学家响应列宁的号召，积极拥护新生的苏维埃政权，并团结留在国内的著名科学家组成了莫斯科数学物理研究所。后来该所一分为二，数学研究所即以斯捷克洛夫命名。随着苏维埃政权的巩固与成长，一批优秀的数学家逐渐集中到该所和莫斯科大学来，因此出现了莫斯科学派的说法，它与彼得堡学派是一脉相承的。除此之外，在哈尔科夫、基辅、喀山、敖德萨、梯比里斯等城市也相继出现了数学中心，列宁格勒大学（原圣彼得堡大学）则继续不断地培养出第一流的数学人才。今日俄国数学界的头面人物，不管其工作基地在哪个城市，他们都以能被称为彼得堡学派和切比雪夫的继承人为无上的荣耀。

19 世纪后半叶，切比雪夫和他的学生们以坚韧不拔的精神和勇

---

[1] B. N. 斯米尔诺夫：《亚历山大·米哈依罗维奇·李雅普诺夫传略》，见《中学数学》第二期，1957 年。

攀高峰的气概，终于使俄国数学从一穷二白的境地中挣脱出来，并在若干领域内走到了世界的前列。考察切比雪夫和彼得堡学派的历史，对于我们当前学习和引进外国的先进科学技术来实现科学技术现代化，对于我们在数学领域选择突破口、充分发挥自己的优势，创立一个有特色的中国数学学派，无疑是有意义的。

(作者：刘　钝　苏　淳)

戴德金
心灵自由的创造者

理查德·戴德金
(Richard Dedekind, 1831—1916)

理查德·戴德金是德国的一位名垂史册的数学家、哲学家、理论家和教育家。戴德金崇尚概念哲学,在数学的多个领域都有所建树,给出了很多概念和定理。现在以他命名的数学概念主要有戴德金分割、戴德金环、戴德金 η 函数、戴德金无穷集合、戴德金数、戴德金和戴德金 zeta 函数等。他最重要的成就是用戴德金分割重新定义了无理数以及引进环论中理想的概念。戴德金的导师高斯有一句名言:数只是我们心灵的产物。戴德金对此非常赞同,并在自己的研究中一再强调数是人类心灵的自由创造。

戴德金不仅能够创造新数学,而且还能够用结构化的观点把自己的思想表达得清晰明了。他引领了新的数学风潮,深刻影响了数学的进一步发展。正如当代数学家和数学史家哈罗德·爱德华兹所说:

戴德金的遗产……不仅包括重要的定理和概念,而且整个数学风格已经对每一个后人产生鼓舞。

戴德金一生淡泊名利,静默自守。他对自己的能力和成就一向异常谦逊和低调。但他的光辉思想无法阻止人们给予他崇高的荣誉。他成了哥廷根科学院(1862)、柏林科学院(1880)、罗马科学院(1880)和巴黎科学院(1900)等科学院的通讯院士,被授予克里斯蒂安尼亚(今称奥斯陆)、苏黎世和不伦瑞克等大学的荣誉博士。

1917年，他的朋友和追随者埃德蒙·兰道在《哥廷根皇家科学与人文学会新闻》上写道："戴德金不仅仅是伟大的数学家，同时也是有史以来数学历史上真正杰出的人物。他是其所处伟大时代的最后一位英雄，高斯的关门弟子。40多年以来，他已经成为经典的作家，不只我们，就连我们的老师乃至于老师的老师均从他的工作中得到启迪。"

一、戴德金的数学共同体

戴德金的很多创造是在编辑前人成果的过程中产生的。这说明了共同体在其数学创造中的重要性。心灵的创造不只是单个的，而且是集体的。不过戴德金的贡献也是很杰出的。这既是一个传统的成就，也是一个伟大心灵的成就。

1. 家族三代同在一所大学任教授

戴德金1831年10月6日在不伦瑞克出生。他出身教授家庭，不过，并不像他的追随者爱米·诺特那样出身数学教授家庭。其父名为乌尔里奇·戴德金，是一位物理学家和化学家的儿子，他是不伦瑞克卡罗林姆学院的大法官、法学教授，也是这所学校的一位高级管理人员。母亲卡洛琳的父亲也是这所学校的教授，母亲的祖父是皇家邮政局局长。这所学校到19世纪60年代已升级为不伦瑞克理工学院。戴德金在1862年回到自己的母校任教授。这样算来，戴德金家族至少有三代在这所学校任教授，当属名副其实的教育世家了。戴德金1894年4月在这所学校退休，但仍然偶尔上课并继续做学术研究，公开发表论文。

戴德金的学生生涯也从不伦瑞克开始，从7岁到16岁，他在不伦瑞克的一所学校就读。他一开始认为数学只是一个辅助性学科，并未对数学有很大的兴趣，而是对其他学科更着迷，特别是化学和物理学。但不久之后，他发现物理学没有精确的逻辑结构，从而转向数学。

1848年，戴德金进入卡罗林姆学院学习。当时的卡罗林姆学院是一所介于高中和大学之间的教育机构。这也是他后来的博士导师高斯的母校。他在这里接受到了很好的数学基础教育，学到了代数分析、解析几何、微积分、力学等。1849年至1850年间，他给低年级学生讲过课。这为他接下来进入哥廷根大学做好了准备。

他终生未婚，成年后大多数时间与他的二姐生活在一起。他的二姐也是终生未婚，比戴德金早两年离开人间。戴德金除了在父亲去世不久出现过身体不适的情况，其他时间都保持着健康的身心，直至1916年2月12日平静安详地与世长辞。戴德金很享受这种在故土与家人在一起的生活，就像科特·比尔曼所评述的那样：

> 戴德金与他的兄长和姐姐保持密切的联系，忽略了所有更高层面的可能的机会和娱乐，他所生活的小的熟悉的世界完全满足他的要求。在这个小世界里，他的亲属完全代替了他自己的妻子和孩子，并发现了充分的快乐和研究基础数学这项科学工作的自由。他没有要在外部世界产生更大影响的压力：那种自我确认是不必要的。

2. 高斯的关门弟子

1850 年春，在卡罗林姆学院学习两年后，戴德金转入哥廷根大学。他参加了哥廷根大学刚刚成立的数学和物理学讨论班。戴德金一开始就参加了讨论班，听了莫里茨·斯特恩、乔治·乌尔里奇、威廉·韦伯和约翰·本尼迪克特·李斯廷的数学和物理课程。此前，他的微积分等基础已经比较扎实，在这里，他的数论知识着实上了一个新台阶。他对有的物理课并不十分感兴趣，不过值得一提的是，威廉·韦伯的实验物理课使戴德金备受鼓舞。一年后，也就是 1851 年，乔治·黎曼也加入到讨论班，他们二人很快成为好朋友。1850 年，戴德金还听过高斯的观察员卡尔·沃尔夫冈·本杰明·戈尔施米特的大众天文学课程。

1850—1851 年的冬季学期，戴德金第一次上高斯亲自开的课。这个时候高斯年纪已经比较大了，只是教授一些比较基础的知识。戴德金听了高斯的最小二乘法等课程。高斯虽然不喜欢教学，但是保持着一贯的责任心。50 年后，戴德金仍然记得："这些讲授是他曾听到的最美妙的课程。写下跟随高斯学习，令他曾有着持续增长的兴趣，并且他无法忘记这种经历。"接下来的一个学期，戴德金听了高斯的高等测量学课程。1851—1852 年，他听了昆图斯·埃斯利乌斯的数学地理学以及热理论课程，并且跟埃斯利乌斯一起观测气象。

戴德金有幸成了高斯的最后一个博士生。1852 年，在高斯的指导下完成了一篇博士论文《关于欧拉积分的理论》，获得哲学博士学位。高斯给出的评语是："戴德金先生的论文是一项有关积分学的研究,不只是对于相关的领域有着充分的知识,同时具有创新性,可以想象他在以后肯定能作出成果。作为批准考试的试验论文来说,我对其完全满意。"

戴德金与高斯无论是从所秉持的原则或观点,还是从性格和生活上都有很多相似的地方。他们来自同一地方,有在同一学校学习和任教的经历。他们都认真负责、严格要求、坚持原则、拒绝妥协。他们都过着一种规律而简朴的生活。他们都热心帮助他人,谦虚谨慎,并深得朋友的信任。他们有同样的文学品位,都喜欢英国著名作家沃尔特·斯科特。他们对数论和算术情有独钟,他们都把概念看得比符号更重要。戴德金还编辑了高斯的全集。

3. 求学柏林,弥补不足

博士毕业后,按理说戴德金已经可以走上独立教学和研究的道路了,但是戴德金的求知欲非常强,他虽然自己也觉得已有的知识储备足以教授中学,但是自感没有得到很好的数学前沿领域的训练,他完全认识到他受到的数学教育还不足。这里要说明一下,当时,在哥廷根大学学习数学是相对令人失望的,因为它还没有成为充满活力的研究中心。当时的柏林大学是德国数学的研究中心,柏林大学比哥廷根大学的课程更为先进。在哥廷根大学听不到彼得·古斯塔夫·勒热纳·狄利克雷、卡尔·雅可比、雅各布·施泰纳讲授的一些最新课程,比如高等数论、高等几何、椭圆函数、数学物理等。当时,与戴德金同在哥廷根的黎曼也发现学校的数学教育旨在培养高中教师,而不是具有顶尖能力走研究道路的数学家。于是,戴德金和黎曼相继去了柏林,戴德金花两年时间弥补了他受教育的不足，并在 1854 年夏取得大学执教资格。而他的朋友黎曼也刚刚在几周前获得了同样的资格。

4. 重回哥廷根大学与任职苏黎世工科学校

1854—1855 年的冬季学期，戴德金在哥廷根大学以无薪讲师的身份教授几何和概率论等课程。1855 年，他的老师高斯去世，戴德金是少数几个有幸为高斯抬灵柩的人。狄利克雷被任命为哥廷根大学的数学教授，接替高斯空出来的职位。这件事情对戴德金意义重大，他发现和狄利克雷学习令他受益匪浅。他听了狄利克雷的位势理论、数论、偏微分方程和定积分等课程。狄利克雷使他成为一个学术新人，大大拓展了他的学术和生活视野。即便是亲友的聚会，狄利克雷也会邀请戴德金参加。

1855 年冬到 1856 年，戴德金听了黎曼的椭圆函数和阿贝尔函数课。戴德金对自己要求非常严格，他虽然已经可以教授课程，但他依然把自己当作学生一样苦读。大约在这个时候，戴德金学习了埃瓦里斯特·伽罗瓦的研究成果，他首先在哥廷根大学讲授伽罗瓦理论。在讲授当中，他首次给出域的概念，用抽象群的概念来代替置换群的概念。不过，令人郁闷的是，因为戴德金的讲授超出了授课范围，最后仅剩下两个学生出勤。

1858 年，戴德金被任命为瑞士苏黎世工科学校教授，继任约瑟夫·拉伯的职位。在讲授微积分时，戴德金感受到分析基础还比较薄弱，于是研究了实数理论的基础。1859 年 9 月，戴德金借着黎曼当选柏林科学院通讯院士的机会，和黎曼一同去了柏林，结识了院士选举的发起人卡尔·魏尔斯特拉斯以及柏林的其他几位数学领袖：厄恩斯特·库默尔、卡尔·博哈特和利奥波德·克罗内克。

戴德金在哥廷根和瑞士期间，把大量精力投入到教学当中，他十分关心所授课程的严密性。他所发表的研究论文也与课程相关。授课之余，他开始编辑狄利克雷的《数论讲义》。

1862年，戴德金回到母校不伦瑞克理工学院继任了奥古斯特·威廉·朱利叶斯·伍德的职位。从此再未离开。这就是我们这一节开头所谈到的内容。

戴德金受到了高斯、狄利克雷和黎曼很深的影响，他负责编辑过狄利克雷、高斯、黎曼的全集。

5. 与其他数学家的密切往来

除了高斯、狄利克雷和黎曼，戴德金还和其他一些数学家保持着良好的学术交流。1872年，戴德金在瑞士的特拉肯小镇度假时，遇到了格奥尔格·康托尔。他们一直保持着友谊，相互敬重，开诚布公地交流学问。戴德金遂成为最早支持康托尔无穷集合工作的数学家之一，在康托尔与克罗内克在超无穷理论方面发生争论时，戴德金毫不犹豫地站在了康托尔的一边，并成为康托尔的有力支持者。

戴德金和海尔里希·韦伯在1882年展开合作，在黎曼曲面上应用理想论的结果。当时韦伯是柯尼斯堡大学的老师，在讲课过程当中，他介绍了戴德金的思想，许多学生受到了戴德金的思想影响，其中就包括大卫·希尔伯特。1900年，希尔伯特在国际数学家大会上高度赞扬了戴德金的工作，戴德金的思想更加深入人心。爱米·诺特与奥伊斯坦·奥尔共同编辑了戴德金的全集。爱米·诺特在编辑学习的过程中，对戴德金的思想十分敬仰，不仅建议其学生们反复研读，而且在别人称赞她的创新思想时，她往往说："已经在戴德金那里都有了。"

二、用有理数来定义无理数：戴德金分割

戴德金用后人所称的戴德金分割重新定义了无理数，这是戴德金最重要的数学成就之一，包含在其 1872 年发表的《连续性与无理数》一书当中。这本书甫一问世，就引起很多关注，与魏尔斯特拉斯的分析基础以及康托尔的集合论一起，开启了现代数学的新时代。戴德金从此进入一流数学家的行列。

1858 年春，负责人事的瑞士市议员到当时戴德金所在的哥廷根大学聘请老师到苏黎世工科学校（今天的苏黎世联邦理工学院）做教授。戴德金很快顺利入选。自 1858 年秋，他开始在那里教授微积分。这是他第一次教授这门课程。在授课的过程中，他感觉分析的基础还很薄弱。他对当时的微积分评述道："我比以往任何时候都更加强烈地感受到这种算法缺少真正的科学基础。"

于是戴德金打算为微积分建立坚实的基础，开始对实数理论的基础进行研究，从而产生了戴德金分割的想法。他自己曾提到戴德金分割这个思想是在 1858 年 11 月 24 日闯入脑海的。戴德金最先把这个结果告诉了他的朋友海因里希·杜瑞热，但是年后才正式发表。

《连续性与无理数》共有七部分。包括：自然数的性质、有理数与直线上的点的比较、直线的连续性、无理数的构造、实数域的连

续性、实数的运算以及无穷小分析。

他在书的第三部分"直线的连续性"中说道:"上面把有理数域 R 比作直线,结果认识到前者存在间隙,具有一定的不完备或不连续性,而我们则将直线看成是完备、不存在间隙或连续的。那么这种连续性是什么?所有的事情都必须依赖于这个问题的答案,并且只有通过它,我们才能够获得一个研究全部连续区域的科学基础。仅仅大致阐述其最小子集的不间断连续性,明显得不出任何结果;问题是找到连续性的一个准确特征,使其成为有效推理的基础。"

戴德金紧接着说道:"长久以来,我对此深思熟虑,却徒劳无获,但是最终我找到了我所要寻找的东西。这种发现也许不同的人会有不同的评价;大多数人会发现它的实质非常平凡。"

戴德金说他发现了连续性的原则:"如果直线上的全部点分成两类,使得第一类中的每一个点位于第二类中的每一个点的左方,那么存在且存在唯一一点,产生了把所有的点分成两类的分化,直线分成两部分的分化。"

戴德金在第四部分"无理数的构造"中明确提出了分割的概念。

他说:"在第一部分,已经指出每一个有理数 a 将实数系 R 分为两类,使得第一类 A_1 中的每一个数 a_1 小于第二类 A_2 中的每一个数 a_2;数 A 或者是第一类 A_1 中的最大数,或者是第二类 A_2 中的最小数。现在,如果给出这个数系 R 分成两类 A_1 和 A_2 的任意分化,使得它只满足这种特征,即 A_1 中的每一个数 a_1 小于 A_2 中的每一个数 a_2,那么简洁地讲,我们称这种分化为一个'分割'(英文:cut;

德语：Schnitt），并把它记作（A_1, A_2）。"

戴德金用德语 Schnitt 来表示分割，具有直观性、可视性，这是源于古希腊的欧几里得几何。

当然有理数也产生无穷多个分割，因为它能够把数集分为两部分。"但不管什么时候我们都必须处理非有理数产生的一个分割（A_1, A_2），这样，我们就构造出了一个新数，并且是无理数，我们认为它完全可以由（A_1, A_2）这个分割来定义；我们会说数 A 对应于这个分割，或者说它产生了这个分割。"

这种分割就定义了一个无理数，或者说这个分割就是一个无理数。这是因为，我们相当于在全部有理数集合中"定义"了一个确定的分割，A_1 和 A_2 趋于相交。为使这两个集合相交，这个分割须用某个"数"填充起来，由上述条件可知，这个数不可能用有理数来填充，或者说不可能与有理数相对应。

因此，全部可能的分割组成了数轴上包括有理数和无理数的每一个点，统称为实数。有了实数的分割概念。为了得到所有实数有序性的基础，还必须研究任意两个分割的关系。

于是戴德金给出了一个分割大于另一个分割的定义。他证明实数具有以下性质：若 $\alpha > \beta$ 且 $\beta > \gamma$，则 $\alpha > \gamma$；不同的实数 α 和 γ 之间存在着无穷多个数；若全部实数划分成两类，且其中一类中的每一个数均小于另一类中的每一个数，则必存在一个且仅存在一个数产生这个分割。

此外，分割也有加法和乘法运算，其加法和乘法满足交换律和结合律。因此就可以证明原先未被严格证明的公式 $\sqrt{6} = \sqrt{2} \times \sqrt{3}$。

我们知道，在数学史上有三次大的危机，第一次数学危机是在古希腊时代由无理数引发的，到那时仍悬而未决。而戴德金以连续性为起点，通过有理数的分割给出无理数的定义，将实数理论建立于严格的科学基础之上，从根本上消除了这一危机。因此，其重要性不言而喻。

三、追寻自然数的基础：数是什么？

戴德金解决了连续性问题，用有理数的分割定义了无理数。换句话说，他的无理数概念以有理数为基础，而要建立起严密的逻辑，接下来就要考虑有理数的生成问题。而我们知道有理数以自然数为基础，所以实际上就是要进一步考虑自然数的生成问题或者说自然数的基础是什么。戴德金乘胜追击，1872 年至 1878 年集中精力研究自然数的基础，顺利得到了他的自然数理论，写作成书，在 1888 年正式出版，这就是富有哲学意味的《数是什么？数应当是什么？》。

戴德金开篇明义，在这本书的序言中明确亮出了自己的观点。他说："算术（代数、分析）作为逻辑的一部分，我想说明我认为数的概念完全不依赖于空间和时间的表象或直观，我认为它是一种思想规律的直接产物。我自己对在这本书的题目中所提问题给出的答案，可以归纳为：数是人类心灵的自由创造；数能更简洁地理解事物的差别。只有通过纯逻辑的过程建立数的科学并因此获得连续的数域，我们才能研究时空，即把时空与我们心灵创造的数联系起来。"

戴德金在 38 页强调说："于我而言，所有更美妙的事情是，无须任何度量性质的表象，只简单地通过有限的思维过程，人们就能进一步构造出纯粹的连续数域；并且以我看来，只有通过这种方式，人们才能把连续空间的表象变得清晰和明确。"

这本书共有 14 部分。内容主要包括：元素集合、集合的映射、映射的相似性和相似集合、集合到自身的映射、有穷和无穷、单无穷集合与自然数列、较大和较小的数、数列的有限和无限部分、归纳定义数列的映射、单无穷集合的分类、数的加法、数的乘法、数的幂、有穷集合中元素的数（包括计数、基数、序数及其初等性质等）。

戴德金崇尚提出概念和定理，在这本书中，他给出了 100 多个概念和定理。戴德金首先详细地讨论了集合的概念。

他说："经常发生的事情是，出于某种原因，不同的事物 a, b, c, $\cdots$, 可以通过一个统一的观点来研究，可以在大脑中发生联系，我们说它们形成一个集合 S；我们把事物 a, b, c, $\cdots$ 称为集合 S 的元素。"

他还给出了集合的并和交、一个集合到另一个集合的映射以及相似映射。他说："一个集合 S 的映射 Φ 称为相似的，当集合中不同的元素 a, b 总是映射到不同元素 $a' = \Phi(a)$, $b' = \Phi(b)$ 上。"也就是说，相似映射指不同元素总是映射到不同元素上。

他借助相似性给出了第一个无穷集合的准确概念。一个集合是无穷的，当它与自身的一部分相似。用现代的术语来说，就是等价于它自身的真子集。因此，自然数的集合 N 与其真子集 N^2 是相似的。

他引进了关于一个映射的"链"的概念。若是一个集合 S 到其自身的映射，则 S 的一个子集 K 称为关于映射 Φ 的链。他对无穷集合和有穷集合再次进行了区分，认为无穷集合总有一个到自身的真子集的相似映射，而有穷集合则没有这种映射。他引进了单无穷集合这个重要概念。戴德金还给出了单无穷集合的条件。如果一个集合 N 为单无穷集合，则存在一个映射 Φ 和 N 中的一个元素，满足：

(α) $\Phi(N) \cap N$；

(β) $N=1_0$；

(γ) $1 \not\in \Phi(N)$；

(δ) Φ 为相似映射。

戴德金明确给出了：一个单无穷集合 N 的元素是自然数或序数，简单说就是数。满足这样条件的 N 能够按照映射排成一个顺序，从而形成一个数列：1，$\Phi(1)$，$[\Phi(1)]$，…。因此，戴德金的映射 Φ 实际上是将 N 中的一个元素映射到它的后继数上。特别值得注意的是，这是数的一个抽象定义，因为已经没有元素的具体内容。这是思维观念的进步。

戴德金虽然没有明确讲出上面的四个条件就是自然数的公理，但是他从这些条件推导出了自然数的其他性质，也就是给出了自然数的公理基础，他的最基本的概念就是数字 1 及其后继函数。戴德金认为，所有满足算术公理的事物均可以被认为是数的代表，所以数只有处于一定的结构当中才会有其自身的存在。这就使得自然数的概念发生了变化，从直观上的清晰过渡到有了严密的逻辑。

在戴德金 1888 年发表这些成果后的第二年，也就是 1889 年，意大利数学家朱塞佩·皮亚诺引用了戴德金的成果，形成了一个等价的但是更简洁的公理集合，成为现在标准的公理集合。由这个建立在公理基础上的自然数体系，应用减法能够得到整数系，应用除法能够得到有理数系。这样，我们本节一开始所说的寻找有理数的基础也就解决了。康托尔通过计算有理数列的极限得到了实数系，戴德金应用戴德金分割也能得到实数系。如此一来，连同魏尔斯特拉斯的 $\varepsilon\text{-}\delta$ 定义等成果，他们共同把微积分建立在了一个坚实的基础之上，从而使得有效性不成问题的微积分达到了数学的严密性要求，消除了动荡两百多年的第二次数学危机。

四、将理想数升级为理论：理想论

戴德金在理想论方面的工作要从狄利克雷说起。1855 年高斯去世，空出了数学教授席位，狄利克雷来到哥廷根大学接替了高斯的职位。这件事情对戴德金的影响非常之大。戴德金听了狄利克雷的一些课程。这为戴德金的学习和研究注入了新的活力。他们很快成为形影不离的挚友。

当时，保罗·巴赫曼是哥廷根大学的学生，后来回忆道，他和戴德金只是面熟，因为戴德金经常和狄利克雷一起到校和离开，完全令他黯然失色。

戴德金自己在 1856 年 7 月的一封信中写道："对我最有用的是几乎天天与狄利克雷交流，与他在一起，我第一次开始恰当地学习；他一直对我和蔼可亲，并且开门见山地告诉我需要弥补的漏洞，同时给我提供怎样做的指引和方法。我已经感谢了他无穷多的事情，无疑将来会更多。"

在向狄利克雷学习的过程中，戴德金开始研究理想以及代数数论的问题。1832 年，高斯为了解决高次互反律问题引入复整数（即 $a+b\sqrt{-1}$ 型的数，其中 a, b 是有理整数），解决了四次互反律问题，并对这种复整数，证明了唯一素因子分解定理，即算术基本定理。雅可比等人在此基础上探讨互反律问题，而一般高次互反律问题最终为库默尔解决。1844 年，库默尔引入理想数，实现了分圆数域上的因子分解。若一个理想数可以表示为另一个理想数与复整数之积，则称这两个理想数为等价。库默尔证明了理想数在这种等价之下分为等价类。分圆数域的类数是有限的。

库默尔的学生众多，但戴德金却是他最忠诚的门徒，因为他发扬了库默尔的理想数，建立了严谨的理想理论。美国数学家和科幻小说家埃里克·坦普尔·贝尔在《数学大师》一书中把他和库默尔称为"算术二世"，并一起介绍。

戴德金大约从 1856 年起长期研究库默尔的理想数。戴德金在集合意义上提出理想概念。戴德金的观点是：理想数为其整除的所有复整数的集合。所有复整数的集合被戴德金称为理想。

他证明了在所有分圆整数子集中，理想可以由以下两条性质来刻画：

（1）一个理想中任何两个分圆整数的和仍在这个理想中；

（2）一个理想中的分圆整数与任何分圆整数的乘积仍在这个理想中。

理想数为数，理想为集合。由此，实现了从数到集合的推广。此后，理想论义从分圆数域推广到代数数域、数环以及一般的环上。这种逐层的深化和拓广使得理想论拥有了越来越高的理论层次。从 1871 年至抽象代数学正式建立这段时间，它成为一种相对独立的数学理论，应用广泛，影响深远。

代数整数是通常有理整数的推广，戴德金建立起系统的代数数论。他还引进代数数及代数整数的概念，他定义了体，通过将有理整数的同余理论进行推广得到模这个概念，推广可除性理论得到素数和单元的概念，定义了理想、整除和素理想。这都是代数数论中最基本的概念。

他还进而给出两个理想的乘积的定义，得出了理想论基本定理。代数整数和有理整数存在一个很大的不同，一般的代数整数不能唯一分解，这体现在代数数域理想的类数问题上。可以根据等价关系将理想分成理想类。戴德金对于一般的代数数域，引入了戴德金 ζ 函数，并用这个函数在极点 $s=1$ 的残数来计算类数，得出计算公式，成为以后计算类数的基础。

戴德金还从 1871 年开始研究了代数数域的分歧理论，给出了共轭差积的定义，他将其称为基本理想（Grundideal），得到两条主定理。1882 年，证明了德金判别式定理。戴德金所建立的代数数论后来为希尔伯特所发展。戴德金在 1901 年的文章《所有代数数域的置换》中首次谈到了无穷次扩域，沃尔夫冈·克鲁尔在 1928 年发展了这个理论。

戴德金把这些创新成果作为附录编辑在狄利克雷的《数论讲

义》1871年、1879年和1894年版本中。实际上，在狄利克雷去世后，戴德金就负责编辑狄利克雷的讲稿，1863年出了第一版。爱德华兹曾经提到：

> 虽然本书确定是以狄利克雷的讲稿为基础，并且尽管戴德金自己一生当中都称这本书是狄利克雷写的，但是在狄利克雷去世后，余下的大部分是戴德金写的。

戴德金建立了代数数域中整数环的理论。戴德金还有许多其他成就。比如：1882年与海尔里希·韦伯一起在代数函数论上推广代数数论的成果。1877年，引进模函数$J(\tau)$的概念，预示了自守函数论，研究了纯三次代数数域等。他还在1858年给出了有限群的一个抽象定义。1897年，他在研究群论时引进换位子和换位子群的概念，证明了一个群的换位子的集合组成正规子群。他在环论和格论方面也有贡献，并且是格论的创立者。戴德金的思想影响广泛，包括希尔伯特、爱米·诺特在内的众多数学家都继承了他的数学思想衣钵。

五、结语

科学一般沿着两个方向发展。一是内省，这包括对某些特定领域基本概念的辨析和研究。二是向外拓展，这也就是构造，更为引人注目。但内省的方向是哲学和逻辑的任务。戴德金创造数学的方式，大多是依靠自己有洞察力和有抽象能力的头脑，而不是依靠巧妙的符号表示和对公式的熟练运用。因为高斯认为算术的真理应该从概念而不是从记号得出来，所以戴德金的这一点也是最受高斯赏识的。

戴德金通过他创造的概念和理论并用简洁清晰的形式表达出来，极大地改变了数学的面貌，使之成了我们今天熟悉的样子。他一生积极追求，勤耕细作，在周围营造了良好的学术和生活环境。他不但自己做出了伟大的成果，而且乐于为他人服务，编辑了高斯、狄利克雷和黎曼的全集，使之代代流传。他潜心教学，在教学中进行研究性思考，是教研相长的典范。在他长寿的一生当中，他的心灵虽然没有开出爱情之花，但是却开满了数学之花和友谊之花。换句话说，他用一颗对待数学的真心，播种出了美丽的数学硕果，而这些数学果实也将他搏动过的心音传唱至今，并可以预见，将会直至永远。

（作者：王淑红　孙小淳）

参考资料

欧拉　18世纪数学的中心人物

[1] 吴文俊. 世界著名科学家传记:数学家Ⅳ[M]. 北京:科学出版社,1995.

[2] E. T. 贝尔. 数学精英[M]. 徐源,译. 北京:商务印书馆,1991.

[3] Beitrage zu Leben und Werk. Leonhard Euler 1707–1783 [C]. Gedenkband des Kantons Basel Stadt, Birkhauser Verlag Base, 1983.

[4] M. 克莱因. 古今数学思想:第二册[M]. 上海:上海科学技术出版社,1979.

[5] R. 塔东·莱奥纳尔·欧拉通信集的编辑出版情况[M]//中国科学院自然科学史研究所. 科学史译丛. 呼和浩特:内蒙古人民出版社,1983.

[6] 严敦杰. 早期输入中国的欧拉学说[M]//科学史集刊编辑委员会. 科学史集刊:第一期. 北京:科学出版社,1958.

[7] и. г. 孟尼尔科夫. 列奥那尔·欧拉和初等数学[M]//中国数学会厦门分会. 厦门数学通讯. 厦门:厦门大学,1958.

[8] 欧拉. 无穷分析引论[M]. 张延伦,译. 太原:山西教育出版社,1997.

[9] 李文林. 数学珍宝——历史文献精选[M]. 北京:科学出版社,1998.

贝祖　西方消元理论的开拓者

[1] T. Mora. Solving Polynomial Equation Systems Ⅰ:The Kronecker-Duval Philosophy[M]. Cambridge:Cambridge University Press, 2003.

拉格朗日　18世纪伟大的数学家和天体力学家

[1] D. E. Smith. History of Mathematics [M]. Dover, 1923.

[2] Forest Ray Moulton. An Introduction to Celestial Mechanics [M]. Dover Publications, 1914.

[3] Carl B. Boyer. The Concepts of The Calculus [M]. Columbia University Press, 1939.

[4] 莫里斯·克莱因. 古今数学思想：一至四册 [M]. 上海：上海科学技术出版社，2009.

[5] 中国大百科全书：天文卷 [M]. 北京：中国大百科全书出版社，1980.

[6] 绍庚. 纪念拉格朗日逝世150周年 [J]. 数学通报，1963 (08): 25-26.

[7] 瑟诺博斯. 法国史 [M]. 沈炼之，译. 北京：商务印书馆，1972.

[8] 赫·赫德，德·普·韦利. 意大利简史：从古代到现代 [M]. 罗念生，朱海观，译. 北京：商务印书馆，1975.

[9] Howard Eves. An Introduction to the History of Mathematice [M]. Saunders College Pub, 1984.

阿贝尔　挪威的民族英雄

[1] N. H. Abel. Oeuvres Completes de N. H. Abel [M]. L. Sylow, S. Lie (eds.) 2vols., Christiania, 1881.

[2] O. Ore, Niels Henrik Abel. Mathematician Extraordinary [M]. University of Minnesora Press, 1957.

[3] 胡作玄. 近代数学史 [M]. 济南：山东教育出版社，2006.

[4] Stubhaug, Arild. Niels Henrik Abel and His Times [M]. Springer, 2000.

[5] Niels Henrik Abel: Le Grand Math. maticien (1802—1829) [M]. Centreculturel de Frolands verk. 2002.

黎曼　现代数学的开拓者

[1] R. Dedekind-H. Weber. G. F. B. Riemann, Cesammelte mathematische werke und wissens-chaftlicher Nachlass [M]. Teubner, 1892.

[2] F. Klein. Vorlesungen iber die Enwiehlung der Mathematik in 19. Jahrkundert[M] chelsea, 1950.

[3] M. Kline. Mathematical Thought from Ancient to Modern Times [M]. Oxford University Press, 1972.

[4] 小堀宪. 大数学者[M]. 弘文堂, 1939.

切比雪夫　彼得堡数学学派的奠基人

[1] В. Е. Прудняков. П. Л. Чебышев, Учекыйи Педагог [M]. Москва, 1950.

[2] Ch. C. Gillispie. Dictionary of Scientific Biography [M]. Charles Scribner's Sons, 1971.

[3] Большая. Советская Энциклопедия [M]. Москва, 1978.

[4] А. А. Зворыкин. Биографкческий Словарь Деятелей Естествознанияи Техяикк [M]. Москва, 1958.

[5] А. Д. 亚历山大洛夫, 等. 数学——它的内容、方法和意义[M]. 中译本第二卷. 北京: 科学出版社, 1963.

戴德金　心灵自由的创造者

[1] H. M. Edwards. Dedekind's Invention of Ideals [J]. Bulletin London Mathematical Society, 1983.

[2] 王淑红, 邓明立. 格论思想的产生和发展探析[J]. 科学技术哲学研究, 2014, 31(5): 92-97.

[3] P. E. B. Jourdain. Richard Dedekind (1833–1916)[J]. Modern Logic, 1993.

[4] J. Ferreirós. On the Relations Between Georg Cantor and Richard Dedekind [J]. Historia Mathematica, 1993, 20 (4): 343–363.

[5] 王淑红, 邓明立. 戴德金对理想论的贡献 [J]. 自然辩证法通讯, 2013, 35 (4): 58–63.

[6] 周东启. 第一次数学危机的实质是方法论的变革 [J]. 自然辩证法研究, 2006, 22 (6): 105–109.

[7] R. Dedekind. Essays on the Theory of Numbers [M]. Dover, 1963.

[8] 吴文俊. 世界著名数学家传记 [M]. 下集. 北京: 科学出版社, 1997.

[9] H. M. Edwards. The Genesis of Ideal Theory [J]. Archive for History of Exact Sciences, 1980, 23 (4): 321–378.

[10] R. Dedekind. Theory of Algebraic Integers [M]. Cambridge University Press, 1996.

[11] I. Kleiner, From Numbers to Rings: The Early History of Ring Theory [J]. Elemente der Mathematik, 1998, 53 (1): 18–35.

人名对照表

（按外文姓氏的首字母排序）

A

汉斯·阿贝尔——Hans Abel

阿贝尔——Niels Henrik Abel

索伦·阿贝尔——Soren Abel

列尼·佛朗哥斯·阿德拉黛
　　——Rene Francois Adelaide

阿蒙森——Roald Amundsen

B

巴贝奇——C. Babbage

保罗·巴赫曼——Paul Bachmann

贝克伦——R. Backlund

培卡利亚——Beccaria

埃里克·坦普尔·贝尔
　　——Eric Temple Bell

贝特拉米——E. Beltrami

约翰·伯努利——Johann Bernoulli

尼古拉·伯努利——Nicolas Bernoulli

丹尼尔·伯努利——Daniel Bernoulli

伯瑟莱——Berthollet

贝特朗——J. Bertrand

沃利克·贝蒂——Eurico Betti

艾蒂安·贝祖——Etienne Bezout

皮埃尔·贝祖——Pierre Bezout

科特·比尔曼——Kurt-R Biermann

比耶克耐斯——Vilhelm Bjeknes

比昂松——B. Bjornson

鲍特——J. E. Bode

玻尔——Harald Bohr

博德——Borda

波莱尔——E. Borel

卡尔·博哈特——Carl Wilhelm Borchardt

布伦特——R. P. Brent

布里尔——Alexander Brill

伯利逊——Brisson

布廖斯奇——E. Brioschi

希思·布朗——Heath Brown

布隆——Viggo Brun

约翰·伯克哈特——J. Burckhart

C

加缪——Charles Camus

格奥尔格·康托尔——Georg Cantor
卡拉巧利——Caraccicli
卡拉西奥多里——Caratheodory
卡尔达诺——Girolamo Cardano
卡斯提伦——Johann Castillon
卡塔兰——E. C. Catalan
柯西——Augustin Cauchy
凯莱——Arthur Cayley
克瓦瑟公爵——Duke of Choiseul
鲁道夫——Rudolff Chritoff
克莱罗——Clairant
克莱伯施——A. Clebsch
孔多赛——Condorcet
库仑——Coulomb
克莱默——Gabriel Cramer
克莱尔——Auguste Leopold Crelle
克雷蒙纳——L. Cremona

D

达朗贝尔——D'Alembert
达布——G. Darboux
理查德·戴德金——Richard Dedekind
乌尔里奇·戴德金——Ulrich Dedekind
德根——Ferdinand Degen
德奈斯特罗姆——d'Enestrom
杰波夫——Desboves
笛卡儿——Rene Descartes

狄利克雷——Peter Dirichlet
海因里希·杜瑞热——Heinrich Durege

E

夏洛特·埃贝尔——Charlotte Ebell
哈罗德·爱德华兹——Harold M. Edwards
爱因斯坦——A. Einstein
艾森哈特——P. Eisenhart
埃尔德曼——B. Erdmann
欧几里得——Euclid
约翰·阿尔勃兰克·欧拉
　　　　——Johann Albrencht Euler
莱昂纳德·欧拉——Leonhard Euler
保罗·欧拉——Paul Euler

F

法革纳诺——Fagnano
约翰·法勒——John Farrar
费马——Fermat
费拉里——Lodovico Ferrari
海伦·珍妮——Helene-Jeanne Filz
傅里叶——Fourier
汉斯·弗罗登泰尔——Hans Freudenthel
弗里施——Ragnar Frisch
富克斯——Lazarus Fuchs

G

埃瓦里斯特·伽罗瓦——Evariste Galois
高斯——Carl Friedrich Gauss
哥德巴赫——C. Goldbaeh
卡尔·沃尔夫冈·本杰明·戈尔施米特
　　　——Carl Wolfgang Benjamin Goldschmidt
格里高利——James Gregory
格列尔——L. Grelle
格里格——Edvard Grieg
格罗斯曼——H. Grossmann
特莱沙·格罗素——Teresa Grosso
G. 葛塞尔——Gsell
柯黛琳娜·葛塞尔——Katharina Gsell

H

哈韦尔莫——Trygve Haavelmo
哈达玛——J. Hadamard
汉姆生——Knut Hamsun
韩斯廷——Christopher Hansteen
哈塞尔——Odd Hassel
亥姆霍兹——H. von Helmhotz
赫伯特——J. F. Herbart
埃尔米特——Charles Hermite
F. W. 赫歇尔——Herschel
小赫歇尔——J. F. W. Herschel
希尔伯特——David Hilbert
霍尔姆博——Bernt Michael Holmboe

罗彼塔——L' Hospital
胡德——Johann Hudde
赫欽松——J. I. Hutchinson
赫胥黎——Huxley
惠更斯——C. Huygens

I

易卜生——Henrik Ibsen
昆图斯·埃斯利乌斯——Quintus Icilius
因凡涅斯——Inwenies

J

雅可比——Carl Gustav Jacobi
吉特克马锡——E. C. Jitchmarsh

K

康德——I. Kant
凯尔豪——Baltazar Keilhau
肯普——Christine Kemp
克莱因——F. Klein
伊丽莎·康希——Elise Koch
克伯——P. Koebe
克罗内克——Leopold Kronecker
沃尔夫冈·克鲁尔——Wolfgang Krull
厄恩斯特·库默尔——Ernst E. Kummer

L

拉塞佩——Lacépéde
鲁依吉·拉格朗日——Luige Lagrange
约瑟夫·路易斯·拉格朗日
　　——Joseph Louis Lagrange
佛朗西斯科·拉格朗吉亚
　　——Francesco Lagrangia
吉斯佩·路道维克·拉格朗吉亚
　　——Giusppe Lodovico Lagrangia
埃德蒙·兰道——Edmund G. H. Landau
拉普拉斯——P. S. Laplace
劳伦特——Laurent
拉瓦锡——Lavoisier
米塔格-莱夫勒——Gosta Mittag-Leffler
勒让德——Legendre
莱布尼茨——Leibniz
莱文生——N. Levison
李——Sophus Lie
李普希茨——R. Lipschitz
刘维尔——J. Liouville
约翰·本尼迪克特·李斯廷
　　——Johann Benedict Listing

M

麦克劳林——Colin Maclaurin
冯·蒙哥尔特——Hans Von Mangoldt
马里——A. J. F. Marie

麦克斯韦——Maxwell
莫培督——Maupertuis
明金——Ferdinand Minding
闵可夫斯基——H. Minkowski
莫尼尔——Monnier
蒙克——Edvard Munch

N

南森——Fridtjof Nansen
内托——Eugen Netto
卡尔·诺伊曼——Carl Neumann
牛顿——Isaac Newton
诺贝尔——Alfred Nobel
诺特——Emmy Noether

O

奥伊斯坦·奥尔——Oystein Ore

P

帕里洛——Pablo Parrilo
帕斯卡——B. Pascal
皮考克——G. Peacock
朱塞佩·皮亚诺——Giuseppe Peano
庞加莱——Henri Poincare
泊松——S. D. Poisson

皮瑟——Puiseux

R

约瑟夫·拉伯——Joseph L. Raabe
腊斯木森——Soren Rasmussen
雷维里——Revelli
黎卡提——Riccati
黎曼
　　——Georg Friedrich Bernhard Riemann

S

萨律——P. F. Sarrus
舒尔茨——J. K. Schulze
施瓦尔兹——H. A. Schwarz
沃尔特·斯科特——Walter Scott
塞尔伯格——Atle Selberg
西契利——Sicily
斯科朗——Thoralf Skolem
雅各布·施泰纳——Jakob Steiner
施泰纳——Steiner
莫里茨·斯特恩——Moritz Stern
西洛——Ludvig Sylow
西尔维斯特——James Joseph Sylvester

T

塔塔利亚——Niccolo Tartaglia
威廉·汤姆逊——W. Thomson
图埃——Axel Thue
堤希玛——E. C. Titchmarsh
契尔恩豪森——Ehrenfried Tschirnhaus

U

奥古斯特·威廉·朱利叶斯·伍德
　　——August Wilhelm Julius Uhde
乔治·乌尔里奇——George Ulrich
翁赛特——Sigrid Undset

V

范德蒙——Vandermonde
维布伦——O. Veblen
韦达——Franois Viète
伏尔泰——Voltaire
沃尔特拉——V. Volterra

W

海尔里希·韦伯——Heinrich Weber
威廉·韦伯——Wilhelm. E. Weber
魏尔斯特拉斯——Karl Weierstrass
赫尔曼·外尔——H. Weyl